新思维·新视点·新力量

设计丛书

设计共生

基于武汉"设计之都"建设的
实践与对策研究

魏正聪 / 著

化学工业出版社
·北京·

内容简介

本书以设计创新作为切入点,将生物学共生理论引入城市转型发展研究中,探索设计与城市共生的必要性和可行性,构建设计与城市共生的理想图式。理论层面上,从城市绿色转型的机理、设计与城市融合发展的趋势,探索设计与城市共生的核心机制;实践层面上,对全球创意城市网络"设计之都"的发展经验和典型模式进行总结,对武汉"设计之都"建设的心路历程和具体措施展开回顾,对武汉文化及创意产业发展的现状展开实证分析,剖析武汉获批"设计之都"以来设计产业与城市共生发展的效果,构建设计与城市共生的理想模型,探索推动设计与城市共生的实践路径和具体举措。

本书主要供设计学、社会学等专业的研究者和高校师生学习使用,亦可为政府制定城市转型发展、推动设计产业发展的顶层设计提供参考。

湖北省教育厅哲学社会科学重大项目"长江经济带设计产业创新驱动力提升研究(17ZD017)"结项成果

图书在版编目(CIP)数据

设计共生:基于武汉"设计之都"建设的实践与对策研究/魏正聪著. —北京:化学工业出版社,2023.1
(新思维·新视点·新力量设计丛书)
ISBN 978-7-122-42419-8

Ⅰ.①设⋯　Ⅱ.①魏⋯　Ⅲ.①文化产业-研究-武汉　Ⅳ.①G127.631

中国版本图书馆CIP数据核字(2022)第199996号

责任编辑:李彦玲　　　　　　　　　　文字编辑:谢晓馨　陈小滔
责任校对:杜杏然　　　　　　　　　　装帧设计:李子姮

出版发行:化学工业出版社(北京市东城区青年湖南街13号　邮政编码100011)
印　　装:天津盛通数码科技有限公司
710mm×1000mm　1/16　印张12¾　字数238千字　2023年3月北京第1版第1次印刷

购书咨询:010-64518888　　　　　　　售后服务:010-64518899
网　　址:http://www.cip.com.cn
凡购买本书,如有缺损质量问题,本社销售中心负责调换。

定　　价:59.80元　　　　　　　　　　　　　　　　　版权所有　违者必究

前言

2017年11月1日,武汉市正式入选全球创意城市网络"设计之都",成为继深圳、上海、北京之后的中国第四个"设计之都"。武汉"申都"的主题是"老城新生"。围绕这一主题,武汉以创意设计作为城市可持续发展的关键驱动力,推动工程设计、工业设计、动漫设计、服装设计、美术设计与城市发展相融合,让城市焕发新的生机和活力,更好地践行以人为本的可持续发展理念。

事实上,联合国发起"全球创意城市网络"项目,就是着眼于新经济条件下的城市发展与文化多样化,推动具有创意特色的地域文化建设,实现城市与设计之间的良好共生关系。2005年以来,首尔、神户等国际创意城市将建设"设计之都"作为城市转型发展的主要途径,以创意设计为抓手,营造美好舒适的城市环境,满足市民多元化的需求,为城市转型升级和创新发展提供了典型样本。

但是,如何有效激发设计对城市的创新驱动力?以武汉市为代表的"设计之都",在加入"全球创意城市网络"之后到底发生了什么样的改变?如何通过"设计之都"建设,推动创意设计与城市的协同共生,以顺应时代发展、创造更理想的城市人居生活?以上问题成为本书研究的起点。

本书以设计创新作为切入点,尝试将生物学共生理论引入城市转型发展研究,探索设计与城市共生的必要性和可行性,构建设计与城市共生的理想图式。理论层面上,从城市绿色转型的机理、设计与城市融合发展的趋势,探索设计与城市共生的核心机制;实践层面上,对全球创意城市网络"设计之都"的发展经验和典型模式进行总结,对武汉市"设计之都"建设的心路历程和具体措施展开回顾,对武汉文化及创意产业发展的现状展开实证分析,剖析武汉市获批"设计之都"以来设计产业与城市共生发展的成果,构建设计与城市共生的理想模型,探索推动设计与城市共生的实践路径和具体举措。

本书从构思到完成,历时近五年。在此过程中,著者有幸得到了诸多师友的无私帮助,感谢大家在百忙之中接受访谈、提供资料,并不吝赐教。同时,感谢化学工业出版社对本书出版给予的大力支持,感谢李彦玲等编辑对本书出版付出的辛勤劳动!

受本人学识水平所限,书中不足之处在所难免,敬请学界专家和广大读者批评指正!

魏正聪

2022年5月

目录

1 绪论

2 基本概念界定

2.1 设计与设计学科发展 / 9
2.1.1 设计的起源 / 9
2.1.2 现代设计教育的发展 / 9

2.2 设计产业的概念与分类 / 11
2.2.1 设计产业的概念 / 11
2.2.2 设计产业的分类 / 11

2.3 城市的起源与发展 / 16
2.3.1 古代城市的起源 / 16
2.3.2 工业化城市的出现 / 17
2.3.3 现代城市的演进 / 18

3 设计与城市共生的历史形态演变

3.1 从田园城市到文化城市 / 23
3.1.1 全球蔓延的新城运动 / 23
3.1.2 新城市主义与城市文化复兴 / 26

3.2 城市文化形态的多重面向 / 28
3.2.1 城市文化的显性层面 / 28
3.2.2 城市文化的隐性层面 / 30

3.3 创意设计：城市复兴的手段 / 34
3.3.1 创意设计介入城市"装饰性复兴" / 34
3.3.2 创意设计介入城市"旅游性复兴" / 37
3.3.3 创意设计介入城市产业性复兴 / 40

4
"设计之都"：设计与城市共生的国际经验

4.1 "设计之都"项目概述 / 47
4.1.1 "设计之都"发起背景 / 47
4.1.2 全球入选世界"设计之都"的城市 / 48
4.1.3 各领风骚的中国"设计之都" / 49

4.2 世界"设计之都"形成的常见模式 / 51
4.2.1 原发型设计之都 / 51
4.2.2 诱发型设计之都 / 53

4.3 世界"设计之都"建设的经验和启示 / 57
4.3.1 推进"设计之都"建设的机制保障 / 57
4.3.2 世界"设计之都"建设的具体措施 / 59

5
武汉"设计之都"建设探索

5.1 政府主导，"设计之都"建设提升到城市发展战略层面 / 66
5.1.1 打造"设计之都"成为政府顶层设计重要内容 / 68
5.1.2 武汉建设"设计之都"的具体政策保障 / 70
5.1.3 落实"设计之都"建设的具体责任单位 / 73

5.2 行业协会在申请世界"设计之都"过程中的积极作用 / 75
  5.2.1 武汉工程设计产业联盟的成立及系列活动 / 76
  5.2.2 湖北省包装联合会设计委员会的成立及系列活动 / 79
  5.2.3 走向产、学、研、用一体化的湖北设计产业 / 83
5.3 武汉设计双年展："设计之都"的视觉盛宴 / 85
  5.3.1 首届"武汉设计双年展"的举行 / 85
  5.3.2 连续六届"武汉设计双年展"的成功举办 / 86
  5.3.3 武汉"设计之都"建设的转型与变迁 / 88

6

设计及相关产业发展实证分析

6.1 武汉市设计产业发展宏观环境 / 95
  6.1.1 武汉市设计产业发展宏观政策环境 / 95
  6.1.2 武汉市设计产业发展宏观经济环境 / 99
  6.1.3 武汉市设计产业发展宏观社会环境 / 101
6.2 武汉市设计及相关产业发展指数分析 / 103
  6.2.1 武汉市设计及相关产业发展初具规模 / 104
  6.2.2 武汉市设计及相关产业发展态势良好 / 105
6.3 湖北省相关产业发展指数分析 / 109
  6.3.1 湖北省文化及相关产业发展总体概况 / 109
  6.3.2 中部六省文化及相关产业发展指数对比分析 / 112
6.4 全国设计相关产业发展指数分析 / 115
  6.4.1 2019年全国文化及相关产业统计数据 / 115
  6.4.2 2019年全国文化及相关产业分地区横向对比 / 116
  6.4.3 2015—2019年全国文化及相关产业纵向对比 / 117
6.5 武汉市设计产业发展总体评价 / 119
  6.5.1 武汉市设计产业发展总体态势良好 / 119
  6.5.2 武汉市设计产业发展的问题分析 / 122

7

设计的"疫"义：新冠疫情之下的武汉设计担当

7.1 火神山、雷神山建设：见证工程设计的"中国速度" / 127
- 7.1.1 火神山医院建设 / 127
- 7.1.2 雷神山医院建设 / 127

7.2 "战疫情，武汉能！"主题创作征集全面展开 / 131
- 7.2.1 全国关于抗疫主题创作的征集活动概况 / 131
- 7.2.2 "战疫情，武汉能！"2020抗击"新冠肺炎"公益宣传设计全球征集活动幕后 / 132

7.3 以"艺"战"疫"：插画设计建构英雄城市 / 135
- 7.3.1 "大国抗疫"的政治视像建构 / 135
- 7.3.2 富含传统积淀的文化视像建构 / 138
- 7.3.3 万众一心的民族视像建构 / 139
- 7.3.4 多维立体的传播机制 / 140

7.4 设计赋能：英雄之城浴火重生 / 143
- 7.4.1 新冠疫情彰显设计的责任和担当 / 143
- 7.4.2 疫情激发各界关注设计的"疫义" / 143
- 7.4.3 设计是为了更好地生活 / 145

8

共生的设计：设计驱动城市创新发展的理想图景

8.1 设计与城市共生：城市绿色转型的必然选择 / 155
- 8.1.1 和谐共生：城市绿色转型的核心机制 / 155
- 8.1.2 与城共生：设计产业发展的必然选择 / 157

8.2 设计与城市共生的PCRTSI系统建构 / 163
- 8.2.1 设计与城市共生的条件分析 / 163
- 8.2.2 设计与城市共生的PCRTSI系统模型 / 165

8.3 设计与城市共生的PCRTSI系统推进策略 / 172
- 8.3.1 政府主导：完善设计与城市共生的制度安排 / 172

8.3.2 六重赋能：搭建设计与城市共生的融合平台　/ 173
8.3.3 三方协同：培育城市绿色转型的设计共生体　/ 176
8.3.4 建立标准：推动设计与城市共生的创新实践　/ 177

9 结语

附录

附录1　设计产业统计分类（试行）　/ 182
附录2　2021年度武汉设计之都创意社区名单　/ 187

参考文献

绪论

城市是人类文明的结晶。在全球经济一体化发展的今天，城市与城市之间的联系日益密切，城市与城市之间的竞争也日趋激烈，其发展内涵从早期注重经济效益，转向更关注生态环境、城市资源、人与社会可持续发展的维度。当前，中国特色社会主义进入了新时代。面对日益严峻的生态环境挑战，城市如何实现从单纯的经济发展转化为创新驱动、从硬要素到软要素、从功能化到集成化方式的转变，成为城市发展面临的突出问题。

（1）全球城市化进程迅猛，"大城市病"问题突出

城市化（urbanization）是指第二、三产业在城市集聚，农村人口向非农产业和城市转移，城市物质文明和精神文明向农村普及的经济、社会发展过程。20世纪60年代以来，全球城市不论是数量还是规模都得到了迅猛发展。联合国经济和社会事务部数据库系统展示了1960—2018年世界多个国家或地区的城镇化率，其中107个国家或地区中有95个国家或地区的大城市化有提高的现象，见表1-1，说明城市化已经成为世界发展的主体形态。

表1-1 世界各大洲的大城市化现象

	2018年人口500万以上且有统计数据的国家或地区数/个	1960—2018年有大城市化现象的国家或地区数/个	有大城市化现象的国家或地区数占比/%	2018年大城市人口数占所在国家或地区全部城镇人口数的比例超过一半的国家或地区数/个	2018年步入大城市化时代的国家或地区数占比/%
亚洲	31	27	87.1	10	33.3
欧洲	23	18	78.3	1	4.3
非洲	33	32	97.0	5	15.2
北美洲	8	7	87.5	3	37.5
南美洲	11	10	90.9	4	36.4
大洋洲	1	1	100	1	100

我国自改革开放以来，城市化发展成果显著。1995年我国城镇化率为29.04%，1996年达到30.48%，提高了1.44个百分点；到2007年城镇化率达到44.94%，城镇化率年均提高了1.25个百分点。美国学者提出用"诺瑟姆曲线"（也称S形曲线）来表明城镇化进程。如果将中国1949—2015年的城镇化率绘制成相应的诺瑟姆曲线（图1-1），可以看出中国城镇化从20世纪90年代中期开始加速，且至今还处于加速阶段。有学者通过对不同情景模式的仿真，大胆预测：2035年中国城镇化率将达到71%～73%，2050年将达到76%～79%，即2035年中国将进入城镇化发展的平缓阶段，城镇化水平的最终饱和状态将为76%～79%。

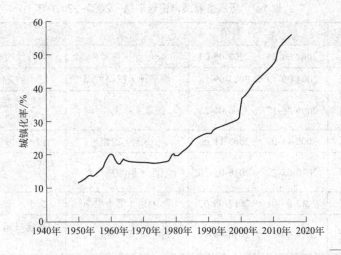

图1-1
中国城市化S形曲线

城市化促进了产业结构的调整，推动了人口和生产要素向城市聚集，为现代生活提供了诸多便利，但同时也给现代城市发展带来了许多困扰。其首先表现为城市规模的扩大和人口的急剧扩张，导致交通拥堵、噪声污染和空气污染严重等"大城市病"开始出现。以城市交通为例，百度地图发布的《2021年第二季度中国城市交通报告》显示，北京、上海、天津、重庆的平均通勤时耗均超40分钟；从平均通勤时耗排名看，前十个城市均为超大特大型城市。这些问题的存在大大增加了城市居民出行的时间和金钱成本，形成了巨大的资源消耗。

（2）城市可持续发展已成共识，和谐共生呼声高涨

城市化进程带来的系列问题，引发了世界各国对人与自然、社会经济发展与生态保护、经济发展与社会稳定等诸多问题的关注。1972年6月，联合国人类环境会议在斯德哥尔摩召开，明确指出"为这一代和将来的世世代代保护和改善人类环境，已经成为人类一个紧迫的目标，这个目标将同争取和平和全世界的经济与社会发展这两个既定的基本目标共同和协调地实现"。2002年5月，由联合国大会授权成立的首届"世界城市论坛"在肯尼亚的内罗毕联合国人类住区规划署总部举行。代表们一致认为，"21世纪将是城市化的世纪，城市在促进经济发展和社会进步中起着主导作用，因而城市的可持续发展对各国乃至世界的可持续发展至关重要"。此后世界城市论坛每两年召开一次，成为联合国有关世界城市发展的国际最高端论坛。截至2021年11月，该论坛已举办十届，"城市可持续发展"则是该论坛持续关注的重要议题，见表1-2。

表1-2 历届世界城市论坛汇总（2002—2020年）

序号	举办时间	举办地点	论坛主题
第一届	2002-04-29～2002-05-03	肯尼亚·内罗毕	可持续的城市化
第二届	2004-09-13～2004-09-17	西班牙·巴塞罗那	城市-文化的十字路口
第三届	2006-06-19～2006-06-23	加拿大·温哥华	可持续发展的城市——由理念到行动
第四届	2008-11-03～2008-11-06	中国·南京	和谐的城镇化
第五届	2010-03-22～2010-03-26	巴西·里约热内卢	城市权利——促进城市平等
第六届	2012-09-01～2012-09-07	意大利·那不勒斯	城市未来
第七届	2014-04-05～2014-04-11	哥伦比亚·麦德林	构建城市和谐——生活的城市
第八届	2016-10-17～2016-10-20	厄瓜多尔·基多	重振对于可持续城镇化的承诺，通过《新城市议程》
第九届	2018-02-07～2018-02-13	马来西亚·吉隆坡	2030年的城市，人人共享的城市：实施《新城市议程》
第十届	2020-02-08～2020-02-13	阿拉伯联合酋长国·阿布扎比	机遇之城：联结文化与创新

城市绿色低碳转型也是当前我国可持续发展的行动重点和战略支点。2014年《国家新型城镇化规划（2014—2020年）》出台，明确指出"把生态文明理念全面融入城镇化进程，着力推进绿色发展、循环发展、低碳发展，节约集约利用土地、水、能源等资源，强化环境保护和生态修复，减少对自然的干扰和损害，推动形成绿色低碳的生产生活方式和城市建设运营模式"。2015年，中共中央、国务院先后印发《关于加快推进生态文明建设的意见》《生态文明体制改革总体方案》，再次要求"大力推进绿色发展、循环发展、低碳发展，弘扬生态文化，倡导绿色生活，加快建设美丽中国，使蓝天常在、青山常在、绿水常在，实现中华民族永续发展"。通过城市绿色转型来实现社会、经济和自然之间的平衡，已在社会各界达成广泛共识。住房和城乡建设部发布的《关于开展2021年城市体检工作的通知》，将绿色可持续作为城市体检的重要内容，以此进一步推进城市更新，促进城市开发建设转型。

城市化是一个复杂的社会发展进程，是经济、人口、空间、社会等诸多因素相互作用、相互影响的结果。必须指出的是，尽管随着技术的发展和更迭，人类征服自然、改造自然的能力达到了空前的高度，但是这种征服和改造如果不加以控制，势必会给环境造成无法估量的损害，最终伤及人类自身。正如斐济共和国总理在第十届世界城市论坛上所言，"城市的生活水平得到显著提高，但这种进步是以全球变暖为代价的"，因此"旧的发展模式是不可持续的，如果我们继续依靠碳密集型产业来实现城市化，世界城市将陷入不平等和极端脆弱的困境"。如何秉持和谐共生理念，实现城市内部各要素之间、城市与城市之间的互利共生，已经成为当前以及未来很长一段时间社会各界亟待解决的问题。

（3）设计产业成为激发城市活力、推动城市可持续发展的重要驱动力

可持续发展、环境、能源、健康、教育、城市化、经济、政治、社会福利等这些当今世界的大问题，都不是单一学科的问题。应对现代城市可持续发展过程中出现的系统性和不确定性问题，需要多学科知识的交叉融合和协同创新。

设计具有良好的包容性，成为城市发展的重要驱动力。将设计学科与理、工、文结合，可以实现功能创新与技术创新的融合，从而创造性地解决现实生活中的诸多问题。特别是随着信息技术的发展和消费需求的多元化，设计专业的应用范围逐渐扩大，从产品设计到流程再造，从城市规划到空间转向，设计已成为创新驱动发展的重要因素。英国、丹麦、芬兰、瑞典等经济发达国家很早就将设计产业提高到国家发展战略的高度，通过制定系列扶植政策，做大做强设计产业，加快推进设计与城市其他产业和领域的融合，加大设计应用及产业化投入。在都市创新体系规划方面，赫尔辛基、柏林、斯德哥尔摩、米兰等已经开始在创新政策方面纳入设计要素。

"设计之都"成为城市发展的新模式和新战略。2004年，联合国教育、科学及文化组织（简称联合国教科文组织，United Nations Educational Scientific and Cultural Organization，UNESCO）参照《保护和促进文化表现形式多样性公约》，创立了全球创意城市网络。该网络旨在以创意和文化为纽带将各个城市连接起来，成员城市之间相互交流、相互支持，成员城市可以面向国内和国际市场进行多元文化产品推广。截至2020年，入选全球创意城市网络"设计之都"的城市共有40个，分布于全球不同国家。从区域分布看，入选全球创意城市网络"设计之都"的亚洲城市最多，共有17个；欧洲其次，共有11个；北美洲第三，共有6个；南美洲4个，非洲和大洋洲各1个。

以"设计之都"建设为契机，我国各大城市将发展文化创意产业作为推动经济发展的新增长点，并逐步形成了三大产业中心——以上海为中心的长三角创意中心、以深圳为中心的珠三角创意中心、以北京为中心的环渤海区域创意中心。设计与城市的融合发展取得了良好成效。以上海为例，2010年2月，上海成为"全球创意城市网络"中第七个"设计之都"，创意产业也由此成为上海调整产业结构、转变经济发展方式的重要抓手。2010年，上海文化创意产业从业人员为108.94万人；实现总产值为5499.03亿元，比2009年增长14.2%；实现增加值1673.79亿元，比2009年增长15.6%，高于全市GDP增幅5.3个百分点；占上海生产总值的比重

为9.75%，比2009年提高0.51个百分点；创意产业对上海经济增长的贡献率达到了14%。无独有偶，2017年，武汉围绕"老城新生"这一主题，也成功拿到了全球创意城市网络"设计之都"的入场券。在城市转型发展的过程中，武汉充分发挥工程勘测设计、视觉传达设计、数字媒体设计等引领作用，以设计创新带动科技创新和产业转型，使武汉设计和设计武汉成为鲜明的城市特征。

"十四五"时期是我国全面建设社会主义现代化国家新征程的第一个五年。《中华人民共和国国民经济和社会发展第十四个五年规划和2035年远景目标纲要》明确指出："坚持新发展理念，把新发展理念完整、准确、全面贯穿发展全过程和各领域，构建新发展格局，切实转变发展方式，推动质量变革、效率变革、动力变革，实现更高质量、更有效率、更加公平、更可持续、更为安全的发展。"设计产业属于生产性服务业，自身担负着绿色转型的使命，同时，因为它具有低能耗、无污染、绿色环保等特征，也是新常态下推动产业转型升级、城市绿色可持续发展的重要支撑。以设计为核心，整合技术、艺术、文化资源，发展涵盖制造业和文化创意产业的"设计产业"，是符合国情的产业发展策略。

2

基本概念界定

本章主要通过文献分析，对设计的起源、现代设计教育的发展、设计产业的概念和分类、现代城市的起源与演进进行了基本的界定和阐释，把握了设计产业的基本发展趋势以及城市转型发展的实践脉络，为探究设计与城市的内在关联作出了铺垫。

2.1 设计与设计学科发展

2.1.1 设计的起源

设计作为人类文化传统的重要组成部分，在我国古已有之。《现代汉语词典》对"设计"的解释有动词和名词两种，即"在正式做某项工作之前，根据一定的目的要求，预先制定方法、图样等"和"设计的方案或规划的蓝图等"。《周礼·考工记》记述了先秦时代齐国的手工业生产状况，包括当时的各种生产技术、设计规范、制造工艺以及工艺美术资料，堪称我国古代的设计宝典。

现代意义上的"设计"有狭义和广义之分。狭义的"设计"即造物；广义的"设计"不仅包括造物，还包括服务设计、生态环境设计、生存方式设计、生命价值设计等各种非物质设计形态。设计生产会受到各种内外部因素的制约，如材料、设备、工艺等技术层面的因素，社会文化意蕴和审美风尚的变迁，以及生产者对产品功能定位、品牌属性等方面的考虑。换言之，设计的核心问题以实用性和美观性融合的方式，推动社会发展和生活方式变革。设计的实用性就使之与纯艺术有所区别。发展至今，设计已经成为与人类生活休戚相关的重要活动，现代设计不仅仅为人类提供良好的人机关系，舒适、安全、美观的工作环境和生活空间，以及方便的工具，同时也是促进人类在现代社会中方便自然地交流的重要手段。

2.1.2 现代设计教育的发展

现代设计教育发轫于1919年建立的德国包豪斯学校。包豪斯学校的创始人对"设计学"进行了系统规划，并确立了"基础课+专业课"的教学模式，该模式被世界上很多设计院校认同并沿用至今。

1956年，党中央提出"百花齐放，百家争鸣"的方针，号召促进艺术发展和科学进步。在此背景下，中央工艺美术学院成立，成为我国有史以来第一所综合性的高等工艺美术院校，标志着我国工艺美术教育在社会主义建设中，在繁荣国民经济、美化人民生活事业中开始新的历程。在中央工艺美术学院的推动下，各地美术院校逐步开设工艺美术（设计）专业，设计学作为美术学的一个分支，"应用美术"或"实用美术"的概念得以在中国传播。

从20世纪80年代以来，我国普通高等教育学科目录共进行了四次大规模的专业调整。1993年的《普通高等学校本科专业目录》将"设计"列入"工艺美术学"范畴。1997年的《授予博士、硕士学位和培养研究生的学科、专业目录》中，"艺术学"作为文学门类下的一级学科，设有8个二级学科。1998年的《普通高等学校本科专业目录》，"艺术学"下设20个专业，1993年专业目录中的"工艺美术学""工艺美术设计"专业被"艺术设计学""艺术设计"专业取代。

2011年3月，国务院学位委员会印发《学位授予和人才培养学科目录（2011年）》，"艺术学"被增设为第十三个学科门类，下设了"艺术学理论""音乐与舞蹈学""戏剧与影视学""美术学""设计学"5个一级学科。"设计学"的学科地位得到明确。教育部随后颁布《普通高等学校本科专业目录（2012年）》，在"艺术学"5个一级学科之下设立了33个专业（二级学科）。其中"设计学"有8个本科专业：艺术设计学、视觉传达设计、环境设计、产品设计、服装与服饰设计、公共艺术、工艺美术、数字媒体艺术。至此，"设计学"学科地位获得了显著提升，从一个长期寄居于"美术学"的小众学科，变成了一个广受关注、被寄予厚望的学科。招生人数逐年提高，办学层次趋于多元，设计教育得到快速发展。统计结果显示，目前我国约有1928所院校开办了设计专业，中国设计教育发展的规模已经是世界领先。

设计教育的功能趋于多元。当代艺术学科和设计教育已不单纯是艺术技法的传授，或是创意思维的训练，它开始关注更广泛领域的社会生活和经济发展，强调设计的创造性、技能性和服务性与社会需要相结合，培养适应社会多元需求的专业设计师和设计管理人才。从抽象的符号到有形的物品，再到服务流程，直到整个社会宏观系统，设计的内涵和外延不断被时代赋予新的内容。2015年，国际工业设计协会（The International Council of Societies of Industrial Design，ICSID）更名为世界设计组织（World Design Organization，WDO），将设计视为创新发展的重要推动力量，并为之作了新的界定——设计是创新驱动的战略问题解决过程。

2.2 设计产业的概念与分类

2.2.1 设计产业的概念

从全世界范围内来看,设计产业作为知识密集型产业,已经成为众多国家大力发展的核心产业。在我国,设计产业也获得了长足发展。特别是党的十八大以来,国家提出大力实施创新驱动发展战略,创意设计正在加速与制度创新、管理创新、商业模式创新、业态创新和文化创新结合,形成了如火如荼的发展态势。现任清华大学美术学院院长鲁晓波曾言:"我国设计产业从之前的启蒙阶段已经走向中国制造业的主战场,大批聚焦市场需求的设计公司进入快速成长期。"

产业经济学认为:产业的形成需要具备一定的条件。首先,产业应具备一定的规模;其次,具有承担产业分工发展的专门从业人员;最后,产业自身承担了一定的社会经济功能,具有专业化的生产装备和生产技术。总体而言,目前中国的设计产业已经形成了一定的规模。作为一种典型的知识密集型产业,设计产业是以创意设计为核心,由设计师、设计机构、行业协会、政府主管部门等共同组成,涵盖工业设计、平面设计、环境艺术设计等不同艺术门类的复杂体系。其本质目的是推动设计成果的价值认同和转化,并作为一种全新的生产要素推动整个社会经济的转型发展。学术界已经达成了"设计产业是知识密集型产业,其本质是设计价值的认同和提升"的共识。

2.2.2 设计产业的分类

(1) 国际关于"设计产业"的分类

"设计产业"分类目前在国际上尚未形成统一标准。一些设计协会如英国设计委员会、澳大利亚设计委员会、韩国设计协会和国际工业设计协会等,按照产业发展现状和特点,对设计产业类别进行了大致区分,见表2-1。

表2-1 国外部分设计产业的分类

机构	分类
英国设计委员会	（1）传达设计（communications）：包括平面、品牌、印刷设计，信息设计，企业形象设计； （2）产品和工业设计（product and industrial）：包括家庭用品、家具、工业设计； （3）室内和展览设计（interior and exhibition）：包括零售设计，办公室/工作场所的设计，照明、显示系统、展览设计； （4）时装和纺织设计（fashion and textiles）； （5）数字与多媒体设计（digital and multimedia）：包括网络动画电影和电视设计、数字设计、交互设计； （6）服务设计（service design）
澳大利亚设计委员会	（1）工业设计（industrial design）：包括家具设计、纺织设计、时尚时装设计、珠宝设计； （2）室内设计（interior design）：包括商业室内设计，住宅室内设计，零售设计，电视、电影、戏剧设计； （3）平面设计（graphic design）：包括网页设计、多媒体设计、数字动漫设计、展览展示设计、数字游戏设计
韩国设计协会	（1）产品设计 （2）视觉传达设计 （3）环境设计 （4）包装设计
国际工业设计协会	（1）建筑设计 （2）设计教育 （3）时尚设计 （4）景观建筑设计 （5）城市规划设计

从国外发展实践看，相比于"设计产业"，"创意产业"这一概念似乎显得更正式。英国是最早研究创意产业的国家。1997年英国大选之后，新上任的首相布莱尔提出大力发展文化创意产业，并专门成立"创意产业特别工作组"，以推进工作的落实。该工作组在1998年对"创意产业"作出正式界定："源于个体创造力、技能和才华的活动，通过知识产权的生成和取用，这些活动可以发挥创造财富和就业的潜力。"根据这个定义，英国的"创意产业"涵盖如下行业：广告、建筑、艺术和古董市场、手工艺、设计、时尚设计、电影、互动休闲软件、音乐、电视和广播、表演艺术、出版和软件设计。如表2-2所示。

表2-2 英国创意产业行业类别

序号	范畴	核心活动
1	广告	消费者研究；客户市场营销计划管理；消费者品位与反应识别；广告创作；促销；公关策划；媒体规划购买与评估；广告资料生产
2	建筑	建筑设计；计划审批；信息制作
3	艺术和古董市场	艺术品古玩交易

续表

序号	范畴	核心活动
4	手工艺	纺织品、陶器、珠宝、金属、玻璃等的创作、生产与发展
5	设计	设计咨询；工业零部件设计；室内设计；环境设计
6	时尚设计	服装设计；展览用服装的制作咨询与分销途径
7	电影	电影剧本创作、制作、分销、展演
8	互动休闲软件	游戏开发、出版、分销、零售
9	音乐	录音产品的制造、分销与零售；录音产品与作曲的著作权管理；现场表演、管理、翻录及促销；作词与作曲
10	电视和广播	节目制作与配套（资料库、销售、频道）；广播（节目单与媒体销售）传送
11	表演艺术	内容原创；表演制作；芭蕾、当代舞蹈、戏剧、音乐剧及歌剧的现场表演；旅游；服装设计与制造；灯光
12	出版	原创书籍出版；一般类、儿童类、教育类、学习类期刊出版；报纸、杂志、数字读物出版
13	软件设计	系统软件、合约、解决方案；系统整合、系统设计与分析；软件结构与设计；项目管理；基础设计

从表2-2中我们可以很清晰地看到：英国的设计产业是创意产业的子类别，其核心活动被明确界定为"设计咨询、工业零部件设计、室内设计、环境设计"。英国经济学家约翰·霍金斯对"创意产业"的概念界定也印证了这一点。在《创意经济：人们如何从思想中创造金钱》一书中，约翰·霍金斯明确指出："知识产权拥有一定的法律实体和管理机构，主要包括版权、专利、商标和设计四大类，它们共同构建了创意产业和创意经济。"

（2）国内关于"设计产业"的分类

最早以明确文件形式对设计产业制定统计分类的是北京市。2010年10月，北京市人民政府批转北京市科学技术委员会关于《北京市促进设计产业发展的指导意见》（京政发〔2010〕29号），强调设计产业是生产性服务业的重要组成部分，发展设计产业是推动服务业与国际接轨的重要途径，要求"完善设计产业统计制度，建立设计产业统计制度和统计指标体系，及时准确跟踪、监测、分析和反映设计产业发展状况"。为响应该政策号召，2015年北京市统计局、国家统计局北京调查总队印发《设计产业统计分类（试行）》。文件明确了"设计产业"是以工业产品、建筑与环境、视觉传达等有形或无形的产品为主要对象，以提升产品价值、改善用户体验为目的，将创意转化为解决方案的创造性活动的集合，包括产品设计、建筑与环境设计、视觉传达设计、其他设计4个大类、12个中类。如表2-3所示。

表2-3 北京市设计产业统计分类

大类	中类	小类
一、产品设计	（一）工业设计	1. 交通运输设备设计　2. 电子及通信设备设计 3. 工业装备设计　4. 医疗器械设计 5. 仪器仪表设计　6. 家用电器设计　7. 建材设计 8. 家具设计　9. 玩具设计 10. 文化用品设计　11. 体育器材设计　12. 其他工业设计
	（二）集成电路设计	集成电路设计
	（三）服装设计	1. 休闲服装设计　2. 童装设计　3. 制服设计 4. 运动服装设计　5. 内衣设计　6. 其他服装设计
	（四）时尚设计	1. 高级成衣设计　2. 时装设计　3. 高级定制服装设计 4. 服饰设计　5. 时尚箱包设计 6. 装饰及流行物品设计　7. 时尚鞋靴设计 8. 珠宝首饰及有关物品设计　9. 其他时尚设计
	（五）工艺美术设计	1. 雕塑工艺品设计　2. 金属工艺品设计 3. 漆器工艺品设计　4. 花画工艺品设计 5. 天然植物纤维编织工艺品设计　6. 抽纱刺绣工艺品设计 7. 地毯、挂毯设计　8. 其他工艺美术品设计
二、建筑与环境设计	（一）建筑设计	1. 房屋建筑设计　2. 建筑装修装饰设计 3. 景观设计
	（二）工程设计	1. 通信工程设计　2. 电子工程设计　3. 电力工程设计 4. 铁道工程设计　5. 公路工程设计　6. 民航工程设计 7. 市政工程设计　8. 专项工程设计　9. 其他工程设计
	（三）规划设计	1. 农业规划设计　2. 林业规划设计　3. 城乡规划设计 4. 城市园林绿化规划设计　5. 风景名胜区规划设计 6. 自然保护区规划设计　7. 其他规划设计
三、视觉传达设计	（一）平面设计	1. 美术图案设计　2. 包装装潢设计　3. 印刷制版设计 4. 书籍装帧设计　5. 广告设计　6. 多媒体设计 7. 网页设计　8. 界面设计　9. 交互设计 10. 其他平面设计
	（二）动漫设计	1. 动画设计　2. 漫画设计　3. 数字游戏设计 4. 软件开发
	（三）展示设计	1. 展台设计　2. 模型设计　3. 舞台设计 4. 其他展示设计
四、其他设计	其他设计	其他未列明的设计

明确设计产业内涵和外延，对于推动整个产业发展是非常有必要的。虽然创意产业和设计产业具有统一的核心和灵魂，那就是创意，但是二者的侧重点存在差异。创意产业更强调对个体精神文化需求的满足；设计产业则具有更明显的生产服务性，是创意产业中的新型、高端生产性服务业，其直接客户是工业，尤其是制造业，设计需求实质上主要是制造业对设计产业的需求。随着传统产业的转型升级，设计产业的外延将不断扩大，固有的产品设计、平面设计、建筑与环境设计等界限将进一步模糊，设计与科技、文化及其他产业将进一步融合，呈现更加系统化、更为交叉融合的特点。

2.3 城市的起源与发展

2.3.1 古代城市的起源

城市（city）是社会生产力和经济水平发展到一定历史阶段的产物。从词源上来讲，"city"这个词自从13世纪开始就已经存在，但是它的现代独特用法——用来指较大或是非常大的城镇（town），以及后来用作区别城市地区（urban areas）与乡村地区（rural areas）的用法源自16世纪。将城市与乡村加以区分，体现出16世纪以来都市生活的日益重要。但是值得注意的是，直到19世纪之前，城市其实还有一个特别的指代意义，那就是特指英国城市——伦敦。随着工业革命的发展，现代意义上的城市概念开始普及。

由于生产力发展水平不同，世界各国进入文明时期的早晚不同，因而最早出现城市的时间也有很大差别。从考古发掘出来的历史材料来看，两河流域的城市约出现在公元前3500年，尼罗河流域的城市约出现在公元前3000年，印度河流域的城市约出现在公元前2500年，我国黄河流域的城市约出现在公元前1500年。

大量的考古发现也证实，中国古代的城市设计已经达到很高水平。出于战争防御的需要，城池四周一般都会筑有高大、厚实、雄伟的城墙；城内建有完善的给排水管道和公用设施；同时，城内还建有大量的宫殿、寺庙、贸易市场、手工业作坊等，以满足政治、经济和文化发展的需要。宋代词人柳永在《望海潮·东南形胜》中，对古杭州城的繁华和壮丽给予了浓墨重彩的描写。有词为证：

> 东南形胜，三吴都会，钱塘自古繁华。
> 烟柳画桥，风帘翠幕，参差十万人家。
> 云树绕堤沙，怒涛卷霜雪，天堑无涯。
> 市列珠玑，户盈罗绮，竞豪奢。
> 重湖叠巘清嘉，有三秋桂子，十里荷花。
> 羌管弄晴，菱歌泛夜，嬉嬉钓叟莲娃。
> 千骑拥高牙，乘醉听箫鼓，吟赏烟霞。
> 异日图将好景，归去凤池夸。

总体而言，在自然经济占统治地位的古代社会，城市的发展步伐非常缓慢。虽然历史上也曾出现过像唐代长安城、西方古罗马那样面积达数十平方千米、拥有数十万甚至上百万人口规模的巨大城市，但大部分城市都比较小。有数据统计：公元1500年前后，世界上10万人以上的城市有36个，50万人以上的只有2个；公元1800年，世界城镇人口才占总人口的3%。受战争和自然灾害影响，很多城市经历迁移和更迭。如商朝最早建都于亳（今河南商丘），在此后300年当中，由于王族争夺王位，发生内乱，加上黄河下游常常闹水灾，共迁都5次。

2.3.2 工业化城市的出现

工业革命以后，随着机器大工业的发展，城市发展速度明显加快，城市规模日益扩大。瑞典籍社会学家和历史学家伊德翁·舍贝里（Gideon Sjoberg）在《前工业城市：过去与现在》一书中，比较了前工业化城市（即工业革命之前的城市）与工业化城市的区别（表2-4），认为二者在自然特征、功能、社会结构等方面存在一定差异，其中最大的区别在于技术发展。

表2-4 前工业化城市与工业化城市之比较

要素	前工业化城市	工业化城市
自然特征	面积小，封闭型，城市人口占社会的少部分； 社会成员等级森严，不同职业、不同宗教集团的身份区别明显； 街道狭窄，以步行为主，信息传播速度慢	面积大，开放型，城市人口占社会的大部分； 等级、职业、宗教方面的隔阂相对较少，很少表面上的流露，隔阂主要来自种族歧视； 街道畅通，交通运输条件好，信息传播速度快
功能	政治首府，交易市场，宗教活动中心	工业化社会中制造、金融和协调的中心
社会结构	僵化的阶级结构； 上层社会由高级官吏、地主阶级和少数商人组成； 少数的中间阶层和众多的底层群众； 对手工业劳动轻视	不固定的阶级结构； 上层社会由商人、科学家组成； 大批参加技术工作的中间阶层； 科学、劳动地位提高
经济制度	财富来自土地；商业活动的地位低下；市场范围小、日常存货量少；行会制度普遍；个体的生产经营；服务区域窄小，价格不一，不讲究时间效率，工作日程不规则；缺少标准化	财富来自工资、酬金和投资；商业活动的地位较高；市场具有世界性范围，有大量整年度的存货；有全国的工会；生产经营专业化；服务区域广，价格固定，讲究时间效率，工作日程规则；生产标准化

续表

要素	前工业化城市	工业化城市
政治结构	国王与大臣们的家族制统治，政府建立在传统观念和绝对权威的官僚制度上；政府功能是管理社会公共事务，抽税	公民民主形式的政府；政府功能是依靠警察、法院管理社会公共服务、社会福利，合理征税
宗教组织	权力强大，统治其他组织，宗教被上层社会所垄断，为其阶级统治辩护，反映了阶级地位的悬殊	权力薄弱，与其他组织分离，宗教为中间阶层操纵，其神秘的色彩正在消失
教育与传播	教育为少数人服务，传播宗教观念，只重视口头宣传，不重视文字记载；各阶层用语不同，使全国语言不统一，文体为一种时兴艺术，书籍是宗教艺术的表现物	教育为大众服务，主要进行技术教育、普及教育；重视文字传播，广泛保持文字记录；推行标准化语言，普遍使用印刷体，文化传播大众化、通俗化

2.3.3 现代城市的演进

世界近现代城市的发展变迁是在社会总体演变轨迹下完成的。第二次世界大战（简称"二战"）以后，世界各国致力于战后重建，由此经历了三个现代化发展阶段：片面注重经济增长时期；重视经济和社会协调发展时期；强调经济、社会、自然环境以及人类自身发展全面协调的可持续发展时期。与之对应，现代城市的发展也大致分为三个阶段：强调经济功能的数量扩张阶段；强调经济和社会协调发展的功能完善阶段；强调以人为本和可持续发展的生态建设阶段。

（1）强调经济功能的数量扩张阶段

"二战"以前，人类社会发展基本处于自发状态。"二战"以后，世界各国开始理性总结发展历程，形成了新的理论和主张，其中尤以发展经济学为代表。其研究对象主要是发展中国家在各方面的经济发展问题；其核心主张是将经济增长作为社会发展重心，推崇工业化，将提高国民生产总值当作社会发展的重要目标，甚至是唯一目标。

在经济发展目标的指引下，从工业革命以后到"二战"结束的多年中，全球城市发展步入数量高速扩展期，城市人口增长迅猛。据不完全统计，仅从

1950～1970年的20年间，世界上有486座城市各自增加人口均在10万人以上。这一时期百万人口的大城市由75个增加到162个，城市人口从1.74亿人增加到4.16亿人。发达国家城镇化率增速尤为显著。以美国为例，由于"二战"之后社会经济及人口增长需求加速，美国城镇化率从1790年的0.5%增长到20世纪末的80%左右；其城市化发展的主要表现形式是从城市边缘地带开始向外辐射，当边缘地带变为中心的时候，便以中心的边缘地带再向外辐射，这种渐进式的发展被称为"城市扩张"。

（2）强调经济和社会协调发展的功能完善阶段

进入20世纪70年代以后，盲目追求经济增长和工业化开发导致的社会负面效应逐渐显现。核能的开发利用产生了足以把目前人类毁灭20次的核武器，汽车、飞机的普及使全球每年约有40万人死于交通事故；发达国家的高消费生活正以惊人的速度消耗着可能有限的不可再生资源，而不发达国家追赶工业化浪潮的热情使工业化副作用的破坏无处转嫁，随之而来的是严重的环境污染和社会问题。诸多发展中国家的实践也表明：片面追求经济增长的发展理论，虽然也取得了一定的成绩，但是它也会将社会从一个发展困境导入另一种发展困境。比如，贫富差距的加大，人口失业，科技、教育、文化事业发展滞后，社会不稳定因素急剧增加，等等。

国际社会开始反思传统经济增长观的缺陷，意识到传统的经济学只适用于短期的市场活动和货币交易，而且即使在这个范围内也仍有严重的不足之处，因此必须重新估量资源、环境、人口等各个方面的因素，寻求新的理论范式。1970年10月，联合国大会通过《第二个联合国发展十年国际发展策略》，指出："发展之最终目标必须为确使个人福利不断改进并使人人均受惠泽，倘使不正当特权、极端贫富及社会不公正情形继续存在，则发展未达到其基要目的。因此需要全球性发展策略，而以发展中国家与发达国家在经济及社会生活所有各方面——工业与农业、贸易与金融、就业与教育、卫生与住宅、科学与技术等方面之联合集中行动为其基础。"1983年，受联合国教科文组织委托，法国社会学派经济学的领军人物弗朗索瓦·佩鲁（Franlcois Perroux）出版《新发展观》一书，对以往发展观的利弊进行了总结，全面阐述了以人为中心，以文化价值为尺度，整体的、综合的、内生的新发展观，并得到了政治学、社会学、文化学等各学科领域的解读和阐释。社会发展也随之步入以经济和社会协调发展为目标的阶段。

（3）强调以人为本和可持续发展的生态建设阶段

20世纪80年代，工业化大生产导致的自然生态环境恶化，为全人类敲响了警钟。1983年底，联合国专门成立世界环境与发展委员会，在经过近4年的全球调查之后，推出37万字的报告——《我们共同的未来》，从不同角度阐述全球环境问题，呼吁各国政府和人民积极行动起来，为共同的未来而努力。报告首次提出"持续发展"概念，呼吁全球发展不仅要着眼于当下的人类需要，还要兼顾下一代人甚至下几代人的需要。

1992年6月3日至14日，举世瞩目的联合国环境与发展会议在巴西里约热内卢举行。170多个联合国成员国的代表团、102位国家最高领导人和政府首脑参加会议。会议通过了《里约热内卢环境与发展宣言》和《21世纪议程》两个纲领性文件以及《关于森林问题的原则声明》，签署了《联合国气候变化框架条约》和《联合国生物多样性公约》两个公约。这是自联合国成立以来规模最大、级别最高、人数最多、筹备时间最长的一次国际性会议，是人类环境与发展史上的一次盛会。在此次大会上，"可持续发展"已不仅仅是一个概念、一种思想或理论，而更多的是一个行动纲领，是一种要求世界各国相互合作并恪守的一种原则。中国随后制定了《中国21世纪议程》，集中表述了当代中国的可持续发展战略，从环境与发展的总体联系出发，提出促进中国经济、社会、资源、环境协调发展的一系列政策措施和行动计划，力求探索一条具有中国特色的可持续发展道路；美国则成立可持续发展委员会，负责制定全国持续发展的政策，并将之提交给联合国持续发展委员会；后者将监督"21世纪行动计划"（即世界各国在环境与发展会议上一致通过的国际环境政策声明）的实施。

以"可持续发展"为主导理念的城市更新运动逐渐在发达国家及新兴工业化地区兴起。1980年，英国政府颁布了《地方政府、规划和土地法案》，从立法层面明确城市开发的目的是有效利用土地和建筑物，创造优美宜人的城市环境。法国十分注重保护性更新，倡导在保护好历史文化遗产的基础上对城市街区进行改造。位于西班牙东北部的巴塞罗那则对城市空间采取了"针灸式"更新。在1981年到1991年期间，巴塞罗那先后改造和建设了450多个公共空间，包含小公园、小广场和街道，通过节点的升华与打通，触发周边环境的变化，进而形成网状式的城市生活结构，激发了城市活力，优化了人居环境。人们越来越清晰地认识到：城市的发展不仅仅意味着房地产的开发和物质环境的更新，以人为本和可持续的城市发展理念成为广泛共识。

3

设计与城市共生的历史形态演变

城市是人类社会发展到一定阶段的产物。20世纪中叶以来，西方发达国家经历了从"田园城市"到文化城市的转型。英国、日本、法国发起了轰轰烈烈的"新城运动"，城市的功能趋于完善；美国新城主义学者则以人为中心，理论建构和实践探索并行，致力于打造更具有传统意蕴的邻里社区，以彰显城市文化，实现城市与自然、人与城市的和谐共生。创意设计在此过程中发挥了有力的作用，推动了城市的装饰性复兴、旅游性复兴以及产业性复兴。创意产业发展在全球蔓延开来。

3.1 从田园城市到文化城市

3.1.1 全球蔓延的新城运动

20世纪初,西方发达国家的工业化进程导致了城市人口的膨胀和环境恶化。如何疏散人口、提高人民居住水平、改善城市环境成为当时的突出问题。英国的城市规划专家埃比尼泽·霍华德(Ebenezer Howard)为此提出了建设田园城市(garden city)的构想,通过在大城市以外重新安置人口,设置住宅、医院和产业,设置文化、休憩和商业中心,形成新的、相对独立的社会。受霍华德思想的影响,英、美等国都将新城建设作为解决现代城市问题的重要手段,一直沿用至今。

(1)英国的新城运动

第二次世界大战以后,英国政府面临一系列城市问题,如失业、疾病、贫困等。为了尽快治愈战争的创伤,也帮助伦敦摆脱城市扩张带来的诸多困扰,艾德礼政府成立了新城委员会(New Towns Committee),着手起草新城发展的指导方针。该委员会在短短9个月的时间内提出了3个典型性报告,对新城建设的各个方面提出了建议,包括机构、选址、布局、通信、工程服务、公共交通,一直到建筑工作的安排实施。1946年,英国通过了《新城法》,新城运动有了实质性的进展。

从20世纪中叶开始,以《新城法》及其修订法案为指导,英国的新城运动大致可分为三个阶段,见表3-1。1946年到1950年为英国第一代新城开发建设期。伦敦周围相继兴建了8座新城,如斯蒂夫尼奇(Stevenage)、克劳利(Crawley)、赫默尔亨普斯特德(Hemel Hempstead),以缓解伦敦地区的人口拥挤问题;同时,为了促进区域经济发展,还新建了纽敦艾克利夫(Newton Aycliffe)、彼得利(Peterlee)、昆布兰(Cwmbran)、科比(Corby)4座新城。第二代新城开发建设仅有1个,即1956年开建的苏格兰的坎伯诺尔德(Cumbernauld)。更多的新城集中在第三代,即1961年到1970年。伦敦、伯明翰、利物浦、曼彻斯特、英格兰东北部地区等新建了十余个新城,以解决大都市地区人口过多的问题。

表 3-1　英国新城建设的三个阶段

阶段	开发建设目的	新城名称及开发建设时间
第一代	疏解伦敦人口	斯蒂夫尼奇（Stevenage）1946 克劳利（Crawley）1947 赫默尔亨普斯特德（Hemel Hempstead）1947 哈洛（Harlow）1947 哈特菲尔德（Hatfield）1948 韦林花园城（Welwyn Garden City）1948 巴西尔登（Basildon）1949 布拉克内尔（Bracknell）1949
	促进区域经济发展	纽敦艾克利夫（Newton Aycliffe）1947 彼得利（Peterlee）1948 昆布兰（Cwmbran）1949 科比（Corby）1950
第二代	疏解苏格兰人口	坎伯诺尔德（Cumbernauld）1956
第三代	疏解伦敦人口	米尔顿凯恩斯（Milton Keynes）1967 彼得伯勒（Peterborough）1967 北安普敦（Northampton）1968
	疏解伯明翰/西中部人口	泰尔福特（Telford）1963 雷迪奇（Redditch）1964
	疏解利物浦人口	斯凯尔默斯代尔（Skelmersdale）1961 朗科恩（Runcorn）1964
	疏解曼彻斯特人口	沃灵顿（Warrington）1968 中央兰开夏（Central Lancashire）1970
	疏解英格兰东北部人口	华盛顿（Washington）1964

　　英国通过新城建设，改善了市民的居住环境，疏解了大城市住房拥挤、交通拥挤等问题。特别是第三代新城更加注重物质和社会的平衡，逐步扩大规模，完善设施结构，从就业功能、消费娱乐功能、教育功能等方面不断完善发展城市功能。新城良好的道路系统规划、富有吸引力的城市地标设计以及就业岗位的增加，迎合了战后社会发展的需求，使得新城脱离"卧城"而成为独立的城市实体，成为大城市反磁力吸引中心。这也为新的规划思想和规划理论的形成提供了来源，为战后世界范围内的城市规划理论和实践的发展奠定了重要基础。

　　（2）其他国家的新城运动

　　英国新城建设的经验得到了世界范围的传播和效仿。资料统计显示，第二次世界大战以后，瑞典、日本、荷兰、韩国、法国等先后发起新城运动。各主要国家新城建设的情况见表3-2。荷兰在1955—1976年共建设新城15个，其中13个集中于兰斯塔德地区；韩国在1962—1990年建设新城24个，其中13个集中于汉城；法国新城建设的力度相对较小，1965—1994年建设新城9个，其中有5个新城集中于巴黎周边，以缓解巴黎的城市人口剧增和拥堵。

表3-2 "二战"后新城运动涉及的主要国家和城市

国家	时期	新城数/个	主要城市	新城数/个
英国	1946—1980年	32	伦敦	11
瑞典	1950—1976年	11	斯德哥尔摩	6
日本	1952—1995年	39	东京	7
荷兰	1955—1976年	15	兰斯塔德地区	13
韩国	1962—1990年	24	汉城	13
法国	1965—1994年	9	巴黎	5

日本是除英国之外新城建设力度最大的国家。第二次世界大战以后，为了解决战后的住房短缺问题，日本政府采取了积极的态度，在1951年和1955年先后颁布《公营住宅法》和《日本住宅公团法》，动用国库资金建设公共住宅，并鼓励全国各地的县、市、政府建造公共住宅。从1952年开始，日本陆续建设新城39个，其中有7个集中于东京周围。日本新城建设经历了一个从小规模、单一功能，到功能完善、与周边区域一体化发展的演变轨迹。其规划思想和实践活动可以总结为图3-1。

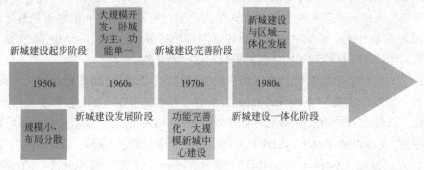

图3-1
日本新城开发实践路线图

第二次世界大战以后，法国和许多发达国家一样，面临城市人口急剧增长问题。1965年由保尔·德鲁弗里（Paul Delouvrier）制定的《巴黎区域指导性规划》便是在这种背景下出台。德鲁弗里提出"保护旧市区，重建副中心，发展新城镇，爱护自然村"的方针，摒弃在一个地区内修建一个单一的大中心的传统概念，代之以规划一个新的多中心布局的区域,具体包括德方斯、凡尔赛、克雷泰等9个副中心,赛尔吉-蓬图瓦兹、埃夫利等5个新城,以及远郊地区以16个中小自然村为主的小城镇。在明确的政策和规划指导下,法国新城发展速度很快,每个新城功能设施齐全,配有大型综合公园、通信中心、幼儿园、小学、中学、青少年游乐场、体育场等,生活方便,环境和质量都较完善。为吸引巴黎居民,各新城都建立与老城同等水平的市中心,使新城居民能享受与旧城居民同等水平的文化娱乐与生活服务。

1975年,巴黎举行国际新城会议并成立了国际新城协会,总部设在伦敦。这表明经过近30年的探索之后,新城运动已引起了全世界的关注。特别是英国的新城建设赢得了很高的声誉,取得了举世瞩目的成功。

3.1.2 新城市主义与城市文化复兴

(1) 新城市主义的兴起背景

20世纪中叶在全球蔓延的新城运动导致发达国家郊区化的进程加快。大量传统制造业和零售业从中心城区向外迁移,城市人口向郊区转移,但是,慢慢地这种"郊区化蔓延"的弊端开始逐渐显现。主要表现在:一是上下班通勤距离拉长,严重增加了人们的时间成本;二是因为城市空间的加大,导致出行需要依赖汽车,这无形中增加了家庭的经济负担。更为严重的是,"郊区化蔓延"瓦解了传统社区成员之间的有机联系,人与人之间、不同阶层之间的隔离和分化严重。郊区的无序开发对乡村自然景观和生态环境造成了巨大破坏,也使人们陷入茫然,当初所怀揣的对郊区生活的美好向往无所依附。

为了打造功能混合、适宜居住的邻里社区,20世纪80年代开始,一种被称为"新城市主义"(New Urbanism,亦译"新都市主义")的思想在美国悄然出现。其代表人物有安德雷斯·杜安尼(Andres Duany)与伊丽莎白·普拉特-兹伯格(Elizabeth Plater Zyberk)夫妇、彼特·卡尔索普(Peter Calthorpe)等。他们分别提出了两种不同的社区开发方式——"传统的邻里开发"(Traditional Neighborhood Development,TND)和"以公共交通为导向的开发"(Transit-Oriented Development,TOD)。TND模式试图从传统的城市规划设计概念中吸取灵感,把美国人心目中珍藏的梦想——紧凑、宜人的邻里社区模式推向社会,打造具有人文和城市文明特征的小城镇和村镇色彩的居住环境。TOD模式致力于将区域发展引导到沿轨道交通和公共汽车网络布置的不连续的节点上,商店、住宅和办公场所等围绕公交站点布置,形成以步行距离为度量尺度的居住社区。其中居民距离社区中心或公交车站不超过600米，或10分钟步行路程；公交车站之间的距离在0.8～1.6千米，车程不超过10分钟；区内汽车时速不能超过25千米每小时；路宽不超过8.5米（其中车行道2.5～3.0米，路旁停车位2.5米，人行道2.0米）。

1993年10月，第一次新城市主义大会（Congress for the New Urbanism，CNU）在美国召开，会议围绕美国大部分城市外围的郊区发展模式展开批评和质疑。1996年第四次新城市主义大会，也是新城市主义的第一次国际会议在意大利的博洛尼亚（Bologna）举行，标志着新城市主义的正式诞生。会上通过了一篇由200多位成员签名的《新城市主义宪章》（Charter of the New Urbanism），制定了分别列在地区、邻里、街区三个大类之下的27项建设原则，强调社区的紧凑，公共空间的重要，各种城市功能、居住类型、居住人群的混合，适合步行的环境和尺度，以及有清晰中心和边界的邻里结构。这对美国新型社区的建设产生了深刻影响，并在相当程度上影响了当今北美和其他地区的城市建设。

（2）新城市主义实践与城市文化复兴

新城市主义之所以能够迅速在西方占有一席之地，主要原因在于它的关键性主张：继承传统住区习惯，张扬人性。它打破了西方社会自工业革命以来以汽车作为城市设计基本尺度的观念，将人作为城市设计的主体，强调环境的宜人性以及社区人文环境的改善，为人们描绘了这样的一个理想前景：邻里单元是紧凑的，功能的混合有利于步行，具有正确位置的特性的城市功能，有效和美丽的走廊地带能使自然环境和人造的社区融合成一个可持续发展的整体。

新城市主义并不止于单纯的理论建构。新城市主义注重设计实践与公众参与。杜安尼和普拉特经常向公众宣传和普及新城市主义的理念，并邀请建筑师、社区居民与政府官员协同，围绕具体的社区展开规划设计。自20世纪80年代中期以来，从美国东海岸到西海岸，他们进行了大量的新城市主义社区实验，包括城中心的社区改造、内城复兴以及全新的小镇建设。比较知名的社区建设项目有："海滨社区"（Seaside）、温莎镇（Windsor）、肯特兰镇（Kentlands）等。其中占地80英亩（1英亩≈4046.86平方米）、位于佛罗里达州的"海滨社区"是最早、最为著名的项目，可以说是新城市主义社区的样板工程。

新城市主义推动了城市社区文化的复兴。如何兼顾人性化尺度与安全、舒适、艺术美感等原则呢？他们从欧洲传统小镇、历史建筑中寻找设计灵感，从"田园城市"等理论主张中寻找观点支撑，重视复兴城市发展过程中那些久经考验而生命力依旧的东西，打造丰沛充盈的文化细节，再现充满烟火气息的城市街景。这一点在他们的实践项目中得到了充分体现，如"海滨社区"等新城市主义社区中那种古典的对称轴线、街道对景、后现代主义的建筑风格，令人难免会联想起法国宫殿、欧洲老城的建筑风貌。事实上，人类社会和自然美景本应兼而有之，两块磁铁必须合二为一。人们从城市发展的历史中逐渐意识到，社区和文化这些因素是永远不会过时的，这些恒久价值应以一种新的方式和现代生活相结合，产生具有传统的现代城市模式。一场以文化为导向的城市复兴运动在全球拉开帷幕。

3.2 城市文化形态的多重面向

城市是人类多元信息交汇和碰撞的集中地,也是人类精神文化汇集和发酵的"容器"。从漫长的历史进程来看,城市的发展不仅仅是物理空间形态演变的过程,更是一个文化积累和沉淀的过程。如刘易斯·芒福德(Lewis Mumford)所言:"城市主要还是一个贮藏库,一个保管者和积攒者。城市是首先掌握了这些功能以后才完成其最高功能的,即作为一个传播者和流传者的功能。……从奥古斯特·孔德(Auguste Comte)到W.M.惠勒(W.M.Wheele)以来的一系列学者都认为,社会是一种'积累性活动',而城市正是这一活动过程的基本器官。"城市文化形态具有多重面向,总体可分为显性和隐性两个层面。

3.2.1 城市文化的显性层面

城市文化的显性层面主要包括气候、地质、地貌、资源等自然环境要素,以及人类根据自然环境因素、自身需要、审美情趣而形成的城市空间结构和建筑景观。

(1)自然环境要素

自然环境是生物生存和发展所依赖的各种自然条件的总和,包括水土、地貌、气候等,它们共同构成了城市发展的前提和基础。

自然环境对城市发展具有深刻影响。自古以来,人类社会就有临水而居的习惯。它不仅是社会共同推崇的一种生活方式,甚至也成了根植于人们内心的一种传统人居观念。水源和居住地早在人类的游牧生活时代,就是形成人类联系中地点和空间固定性的两个首要因素。似乎只要靠着水,生活就多了一份诗意的水情结,就能够获得一场荡涤身心的洗礼。这种向往里寄托的不仅是对自身生活如鱼得水的期待,更是对子孙后代福泽绵长的期望。水对于城市文化的形成和塑造起着重要作用,也因此吸引无数作家、诗人以及艺术家由衷地赞美和咏叹。

一座城市有了水,即便是再密不透风的"钢筋森林",也会变得含情脉脉、灵性十足。例如意大利威尼斯(图3-2),这个因水而生、因水而盛的古老城市,堪称世界上最著名的水城,与之相似的地方都会被冠以"某某威尼斯"的称谓。再如荷兰首都阿姆斯特丹，三面环水，因历史悠久的运河网络而闻名，成为一座独具风味的经典水城。沿着运河上的水上巴士和观光游船缓缓穿行，沿途随处可见荷兰特色的狭窄尖顶房子，更有极富浪漫气息的水上船屋、餐厅和咖啡馆。荷兰成为世界旅游爱好者争相游览的目的地之一。

图3-2
水上之城威尼斯

地形、地貌的特殊性，也构成了城市文化的不同表征。比如六朝古都——南京，拥有长江漫滩、岗地、富水软土、岩溶等多种地貌，被誉为"龙盘虎踞"之地。宋代诗人王野《六州歌头》有诗为云："龙蟠虎踞，今古帝王州。水如淮，山似洛，凤来游。五云浮。"再如"片叶浮沉巴子国，两江襟带浮图关"的重庆，拥有渝西平坝、平行岭谷河流沿线的大量滩地，人们利用滩地开发农田，打鱼晒鱼，很多繁华的地区都是在滩地的基础上发展而来。由此衍生出独具特色的城市地名文化，"峡、碛、碚、滩、岛、凼"等特殊地名遍布重庆。同样，银川地势自西向东由贺兰山到平原依次下降，形成了背靠名山面向河的壮丽风貌，具有"凤凰城"的雅号。总体来看，城市地形、地貌是城市住区的重要组成要素，直接影响着城市的住区规划、建筑形态和产业发展方向。

（2）城市空间结构及建筑景观

城市空间是人与城市通过一定互动关系形成的特定区域，它一般由道路、广场等各类建筑，以及绿化、水体、城市小品等构筑物围合而成。美国规划师凯文·林奇通过对波士顿、泽西市和洛杉矶三个城市的研究发现：人们认知城市意象的模式具有类似的构成要素，即节点、道路、边界、区域和地标五要素，人们正是通过这些要素识别了城市空间形态。

北京，作为一座拥有3000多年历史的古都，是三代封建王朝元、明、清的帝都，也是世界仅有的最为突出的历史文化名城之一。其城市空间结构和建筑景观具有独特的文化意蕴。老北京城的建筑以明清皇家建筑和极具特色的民间建筑四合院为代表，规划严谨，主次分明。

北京的中轴线更是被誉为"北京的脊梁"。从永定门到钟楼，一条长7.8千米的南北中轴线纵贯全城，将外城、内城、皇城、紫禁城串联起来，构成一首跌宕起伏的华丽乐章，主导着这座城市的空间格局。相互关联又错落有致的建筑和道路以此为依据，呈现左右对称、前后起伏的分布态势，由此产生了北京独有的壮美秩序（图3-3）。可以说，北京的中轴线是传统权力秩序和等级规范的象征，它定义了北京的礼制规范，极大地作用于京城政治空间、社会空间、商业街区、文化空间以及公共活动空间的分布。同时，它也呈现了天人合一的传统观念，讲究均衡、对称、有序的建筑审美，包容了北京地区多层次的文化特征和人文活动。这些丰富多彩、层次递进的传统文化经由中轴线而延展，又进一步充实了原有的文化内涵，成为城市发展源源不绝的动力源泉。

相比之下，苏州不像北京那样追求雍容华贵。苏州并不是沿海城市，但是长达82公里的大运河苏州段不仅哺育了沿线百姓，也孕育了苏州灿烂的运河文化。苏州也因为这条河流，在中国的版图上崛起，从中原之外的荒蛮之地演变为一个国家经济、文化发展的重要枢纽。在苏州城市空间形态演变过程中，水系和地形条件起到了束形作用。城市布局以水为中心进行规划和建设，自然和人工开掘的方格网河道系统与方格网道路系统密切结合，形成了古城内水、陆配合，路、河平行的双模式格局。房屋临水而建、运河围城绕郭的城市结构充分体现了古代封建州府中心城市的典型特征；粉墙黛瓦、精巧典雅的建筑风格，将"小桥、流水、人家"的江南水乡的诗情画意表达得淋漓尽致。

图3-3
北京故宫

城市文化的显性层面具有直观性、形象性、概括性的特点。人们对一个城市的认识，往往是从地貌、建筑、景观等显性要素开始的，进而形成对城市个性、风貌等隐性文化的印象。一般来说，城市的显性特征越分明，给人们留下的印象越深刻，越容易形成对城市的认知和记忆。正是因为有了这些显性的文化因素，人们才能够快速将一个城市与其他城市区分开来。

3.2.2
城市文化的隐性层面

城市文化的隐性层面，是指大众通过诸多因素形成的对城市文化底蕴、精神特质及品牌形象的认知。城市的发展和生命个体相似，在其形成过程中会积累各种事件、场景和经验，这些会赋予城市不同的性格特征，也会使大众形成关于该城市的独特记忆。

(1) 城市性格

城市如人，有生长周期，有兴衰更迭，也有自己的性格特征。城市性格是城市各种特征的总和，包括自然景观的特征、抽象自个人又不特指某个人的城市人群的行为和心理活动的共同特性，以及城市的文化特征和独特氛围。影响城市性格的因素是多方面的，有些是看得见的，如城市的山、水、地形等自然环境条件；有些是深藏于城市发展进程中的政治、文化因素。

不同的地理特征孕育了不同的城市性格。例如，成都因为盆地这种独特的地貌，一直与外界保持着一种隔离感；得天独厚的湿热气候，孕育了丰富的物产。受益于都江堰水利工程，成都摆脱了水患困扰，成为"天府之国"，丰衣足食，生活安逸舒适。在此环境浸染下，成都这座城市形成了积极进取又悠闲自得的生活态度和生活方式，也由此滋生出蜀人崇文重教的文化传统和风尚，并最终形成一种独特、绮丽的浪漫主义文化。走进成都，随处可见串串、火锅；任意走进一家茶馆都可以悠闲休憩。喝茶、下棋、打牌，这些都让成都充满了人情味和烟火气息。

同样，作为江南水乡的杭州，钟灵毓秀，清新秀丽（图3-4）。其阴柔之美有别于塞北大漠的粗犷和蜀道峭壁的险峻，也不同于京都文化的雄浑壮丽和海派文化的五光十色。其具有鲜明的江南特色，可谓是江南山水之美的杰出代表。这种优美秀丽的文化风格，还表现在杭州的文学和艺术创作中。古往今来，文人骚客留下诸如"上有天堂、下有苏杭"的诗句和画卷，抒发杭州优美空灵、清新明媚的神韵。画家、散文家任微音在《雨丝风片游杭州》中曾分析了杭州号称"天堂"的原因，认为有两点因素起到了重要作用。一是地理区位优势，扼钱江的咽喉，是浙东平原丰富产物的集中市场，地理形势为兵家所必争；二是在历史上没有经过许多激烈的战争，极有益于居民的安逸感。

图3-4
杭州西湖

当然，城市性格的形成与城市的历史发展也存在深厚的渊源。以北京和天津为例，不同的历史境遇让这两座城市存在明显的性格差异。北京自元代开始作为元朝的大都，除了民国时期，一直是以都城的身份出现。800多年的建都史造就了京城雍容华贵的皇家气派；草原游牧文化、江南汉文化和北方满文化交融汇聚，赋予了北京兼容并包、讲究秩序等性格特征，体现在建筑上的主客规格分明、按社会身份不同而划分明晰的礼节规矩、对政治事件的敏感度高等。天津这座城市则带有明显的亲民性，更为接地气（图3-5）。卫城的角色定位让它充满了豪爽侠义的军人气质；又因为属于港口城市，南来北往的各色人等汇聚，形成了独特的港口文化；而码头工人的号子声、贩夫走卒的叫卖声则为天津市井文化的兴盛和民俗曲艺的发达形成了铺排。

图 3-5
天津古文化街

（2）城市记忆

记忆是人类特有的一种生理和心理活动，也是人类区别于其他自然物的重要特征。城市记忆是人们对城市所持有的客观认识和价值评判的集合，它由不同类型的个体记忆复合而成，作为一个相对稳定的统一体，被人们完整地重复，体现出类型化的特征。在城市发展过程中，城市记忆是维系个体与城市关系的重要纽带，人们经由共享的符号和记忆达成共识，从而以城市为核心形成共同的精神家园。

城市记忆与城市美学相关。从文物古迹到建筑遗址，从历史街区到地方民居，从民间手艺到民俗公约，它们作为城市美学的表征，可构成城市记忆的点点滴滴，在人们心底留下深深的烙印。城市美学涵盖面十分广泛，包括现实之美、功能之美、生活之美等。由建筑、景观等城市物质形态所反映出的城市之美，往往寓于形象的象征隐喻之中，给人以强烈的精神感染力，陶冶人的身心，激发人的聪明才智。

很多城市都拥有富含象征功能的建筑物，以作为城市的代言和化身。例如澳大利亚的悉尼歌剧院，这座由丹麦建筑师约恩·乌松（Jorn Utzon）设计的建筑被列为20世纪最具特色的建筑之一，已经成为悉尼的重要象征。从外部看，它是一座贝壳形屋顶下方结合剧院和厅室的水上建筑物；从内部看，其建筑结构仿效了玛雅文化和阿兹特克神庙。近看，它就像一堆散落在海滨的奇珍异贝，争先恐后地向着太阳立正看齐；远看，则像一艘满载人们音乐梦想的帆船，正准备驶向蔚蓝的海洋。无论是清晨或黄昏，无论是徒步缓行或出海遨游，悉尼歌剧院都能从各个角度向人们展示迷人的风采。

再如巴黎卢浮宫，这座建筑建造于12世纪末，主要作用是为了防御，可能建造者也没有想到这座建筑在多年以后会成为金碧辉煌的宫殿。卢浮宫整体建筑呈U形分布，大厅四壁及顶部有精美的壁画及浮雕作为装饰。馆内藏品体现了欧洲丰厚的艺术底蕴，令人叹为观止。卢浮宫西广场由贝聿铭设计建造的玻璃金字塔，更是一件艺术杰作（图3-6）。该塔塔身由673块晶莹透亮的菱形玻璃拼组而成，总重量达200吨。在它的周围还有3座小金字塔作为陪衬，与广场上的三角形喷水池相映成趣，构成一幅奇特的画面。人们通过玻璃的自然折射，可以将卢浮宫的全貌一览无余。玻璃金字塔建造之初曾备受争议，时至今日，这座金字塔与古老的卢浮宫相映成趣，成为历史与现代完美融合的见证。

目前，保护传统建筑以延续城市记忆，已经上升到国家政策的高度。建筑，特别是传统历史建筑，是城市独特的风貌，是城市记忆的见证者，也是传承民族优秀文化、彰显城市个性与魅力的重要空间场域。20世纪90年代，天津率先发起老街区历史文化保护活动。随后，一场以档案部门为主导，开展以多种媒介载体记录城市形象与重要历史事件，以历史档案形式收集与保存的方式反映城市原始风貌的系统性工程，即"城市记忆工程"开始在全国多个城市展开。传承历史文化遗产是党和国家高度重视的工作，也是对历史负责、对人民负责。党的十八大以来，习近平总书记多次考察调研全国各地的古城老宅和传统街区，并就历史文脉的保护与传承作出重要指示：城市规划和建设要高度重视历史文化保护，不急功近利，不大拆大建。要突出地方特色，注重人居环境改善，更多采用微改造这种"绣花"功夫，注重文明传承、文化延续，让城市留下记忆，让人们记住乡愁。

图3-6
巴黎卢浮宫

3.3 创意设计：城市复兴的手段

城市文化形态是多元的，有些形态是自然因素所致，如气候、地貌等地理条件；有些形态则是受人工因素影响，如城市发展历史、城市建筑景观等。从20世纪70年代开始，欧洲各大城市普遍面临内城衰败和城市经济衰退的问题。以文化为导向，借助创意设计进行城市文化资源的挖掘和利用，以此提升城市中心的活力，将人们重新吸引到城市中心来，成为西方国家城市复兴的重要举措。概括起来，文化创意设计介入城市复兴的类型大致可分为三类：装饰性复兴、旅游性复兴、产业性复兴。如表3-3所示。

表3-3 创意设计介入西方国家城市复兴的三种主要类型

类型	主要途径	空间发展重点	城市更新实例
装饰性复兴	以文化设施建设为主，包括博物馆、美术馆、公园、雕塑等城市文化地标	文化消费空间	毕尔巴鄂、纽约、巴黎等
旅游性复兴	通过举办各种大型活动，营造人气和文化氛围，带动旅游和消费	文化消费空间	爱丁堡国际艺术节、维也纳艺术节、柏林艺术节等
产业性复兴	创意园区、艺术区建设	文化生产空间	伦敦西区艺术区、巴黎左岸艺术区、美国纽约苏荷艺术区、伦敦南岸艺术区、洛杉矶酿酒厂艺术村等

3.3.1 创意设计介入城市"装饰性复兴"

城市"装饰性复兴"主要是通过文化设施建设打造城市文化地标，包括各类美术馆、艺术馆、博物馆、文化馆、城市雕塑等城市文化记忆载体，以及城市文化遗址、主题公园、名人故居、历史文化遗产等城市景观载体。

（1）文化设施建设

博物馆是城市对外交流的文化名片，负有系统搜集、保存城市记忆载体（历史文物、民俗文物及其他相关的档案资料等），并进行整理、研究和传播的使命，成为城市"装饰性复兴"的重头戏。

代表案例有西班牙北部的毕尔巴鄂。作为一座港口城市，该城一度以炼铁和造船而闻名。1870年，毕尔巴鄂开始开发天然铁矿资源，并承担了全国半数以上的商船制造。到了20世纪80年代，与其他众多工业城市一样，钢铁业和造船业逐渐衰退，毕尔巴鄂在工业革命的浪潮中丧失了城市竞争力，失业率激增。1983年的大洪水更是让这座城市面目全非。为了重振城市，当地政府决定以旅游业作为突破口，大力开发人文资源，打造特色文化场馆，以弥补自然旅游资源匮乏。古根海姆博物馆建设成为城市更新的首发项目。1991年，毕尔巴鄂市政府邀请美国建筑师弗兰克·盖里（Frank Owen Gehry）担任古根海姆博物馆的总设计师。这个决定对毕尔巴鄂城市历史和现代建筑历史具有重大意义，它使得这个"钛合金的花朵"得以盛开，使得这个城市几乎一夜成名于全世界。毕尔巴鄂古根海姆博物馆成为旅游热点，有力发挥了提升城市经济的作用。自1997年开馆以来，参观人数在年余间就达到400万人次，直接门票收入即占毕尔巴鄂市政府全年收入的4%。仅仅6年，启动项目的资金便全数收回，带动的相关收入更是占到该市财政收入的20%以上。

除了毕尔巴鄂，巴黎、伦敦等城市通过打造特色突出的博物馆，有力地推动了城市的更新和发展。在美国，纽约现代艺术博物馆、大都会博物馆、惠特尼博物馆先后落成。以博物馆为阵地，各种行为艺术、概念艺术、装置艺术、绘画表现运动等轮番上演，它们代表了当代艺术潮流和发展走向，并建立了当代艺术的学术标准，从而最终使美国取代了欧洲成为世界文化和艺术的中心。

2021年11月，AECOM与主题娱乐协会发布了《2020全球主题公园和博物馆报告》，根据游客量对主题公园和博物馆进行了排名。排名前十的分别是卢浮宫、中国国家博物馆、梵蒂冈博物馆、大都会艺术博物馆、大英博物馆、泰特现代美术馆、英国国家美术馆、英国自然历史博物馆、美国自然历史博物馆、俄罗斯国立艾尔米塔什博物馆（冬宫）。其中中国有6家博物馆进入全球博物馆排名前20位，分别是：中国国家博物馆、上海科技馆、南京博物院、浙江省博物馆、中国科学技术馆、台北故宫博物院。见表3-4。

表3-4 全球排名前20位博物馆游客量

排名	博物馆，所在国家（地区）和城市	变化	2020年游客量	2019年游客量/人场*
1	卢浮宫，法国，巴黎	-71.90%	2700000	9600000 P
2	中国国家博物馆，中国，北京	-78.30%	1600000	7390000 F
3	梵蒂冈博物馆，梵蒂冈	-81.10%	1300000	6683000 P
4	大都会艺术博物馆，美国，纽约	-83.40%	1125000	6770000 P
5	大英博物馆，英国，伦敦	-79.50%	1275000	6208000 F

续表

排名	博物馆，所在国家（地区）和城市	变化	2020年游客量	2019年游客量/人场*
6	泰特现代美术馆，英国，伦敦	−76.50%	1433000	6098000 F
7	国家美术馆，英国，伦敦	−80.10%	1197000	6011000 F
8	自然历史博物馆，英国，伦敦	−77.90%	1197000	5424000 F
9	美国自然历史博物馆，美国，纽约	—	—	5000000 P
10	国立艾尔米塔什博物馆（冬宫），俄罗斯，圣彼得堡	−78.80%	969000	4957000 P
11	上海科技馆，中国，上海	−72%	1351000	4824000 P
12	索菲娅王后国家艺术中心博物馆，西班牙，马德里	−71.80%	1248000	4426000 F
13	国家自然历史博物馆，美国，华盛顿	−86.40%	573000	4200000 F
14	南京博物院，中国，南京	−63.70%	1515000	4169000 F
15	浙江省博物馆，中国，杭州	−73.30%	1108000	4150000 F
16	国家艺术博物馆，美国，华盛顿特区	−82.10%	730000	4074000 F
17	维多利亚和阿尔伯特博物馆，英国，伦敦	−77.80%	872000	3921000 P
18	中国科学技术馆，中国，北京	−82.30%	690000	3891000 P
19	台北故宫博物院，中国，台北	−83.20%	643000	3832000 P
20	奥赛博物馆，法国，巴黎	−76.30%	867000	3652000 F

*表格中P表示该博物馆为收费入场，F表示该博物馆为免费入场。

（2）城市地标建设

城市"装饰性复兴"另一个常见做法就是打造城市文化地标。城市文化地标是彰显城市文化的独有名片，是城市空间中的具象符号载体，表征着人类文明生活的形态，承载着传递地方文化、赓续历史基因的功能。提到巴黎，人们很容易联想到卢浮宫、凯旋门、埃菲尔铁塔（图3-7）。提到纽约，人们很容易想到自由女神像。身穿长袍的罗马神话中的自由女神，一手高举着火炬，一手拿着美国《独立宣言》签署的册子，成为自由和美国的象征，也是美国的重要文化地标之一。提到伦敦，建成于1999年年底的伦敦眼（The London Eye）也是其重要的地标性建筑。它总高度135米，是世界上最高的悬臂式观景摩天轮，也是伦敦最为人熟知的一个地标。许多研究已证实：文化地标能吸引创造性人才的聚集，从而参与到该地区的经济发展。

图 3-7
埃菲尔铁塔

3.3.2
创意设计介入城市"旅游性复兴"

城市"旅游性复兴"主要是通过举办各种大型活动"造节",营造人气和氛围,进而带动旅游和消费。

(1) 城市艺术节的狂欢性

众所周知,人类社会的节日源远流长。古希腊先哲柏拉图说过这么一段话:"众神为了怜悯人类,这个天生劳碌的种族,就赐给他们许多的节庆活动,借此消除他们的疲劳;赐给他们缪斯,以阿波罗和迪奥尼索斯为缪斯的主人,以便他们在众神的陪伴下恢复元气,恢复人类原本的样子。"典型的中国特色节日有元宵节、端午节、中秋节等;西方的代表性节日有圣诞节、情人节、感恩节等;与集体相关的节日有各类庆典,与个体相关的节日有生日、结婚纪念日等。过节更是人们日常生活的重要组成部分,是大众参与、狂欢、精神宣泄的特殊时刻。如苏联著名文艺理论家巴赫金的"狂欢节"理论所指出的:"人们无从离开狂欢节,因为它没有空间界限……狂欢节具有世界性,这是整个世界的特殊状态,是与所有人息息相关的世界的复兴和革新。"

在消费主义盛行的今天,面对快节奏的都市生活,人们对节日狂欢的渴求也愈发强烈。以"狂欢"为名的各种"人造节日"也频频出现,城市艺术节即是新兴人造节日的代表。例如享誉世界的爱丁堡艺术节,诞生于第二次世界大战结束之后的1947年,在每年8月初至9月初举办,包括电影、舞蹈、音乐、戏剧多种艺术形态。艺术节成为推动当地旅游业发展的利器。仅以2005年为例,艺术节为爱丁堡市和苏格兰带来的城市和区域净收入分别达到4000万英镑和5100万英镑;爱丁堡市和苏格兰由艺术节带来的全职工作数目分别为3200个和3900个;艺术节对苏格兰其他地区的带动效应明显,爱丁堡市周边城市格拉斯哥旅游的人次也达到了39000人次,另外有超过52000人次在苏格兰高地等地区过夜消费。艺术节也显著激发了市民的文化自信和认同感。调查显示,85%的参与者认为艺术节提升了苏格兰人的民族自信心;89%的爱丁堡居民为自己的城市能举办这样一个艺术节而感到自豪。半个多世纪以来,通过举办艺术节活动，爱丁堡已经成为国际化特征鲜明的旅游城市。

城市艺术节可在特定的时空场域内，有效汇集城市文化资源，让城市浸润在艺术与欢乐的氛围之中，深化了城市的生活内涵。因此，以创意设计为核心，艺术节已经成为西方国家推动城市发展的重要手段。除了爱丁堡国际艺术节，巴黎维也纳艺术节、柏林艺术节、雅典艺术节、美国林肯中心艺术节等都已经成为知名的艺术节（表3-5）。它们通过音乐、舞蹈、话剧、多媒体互动等形式，将城市遗迹、城市品牌形象与受众串联在一起。一方面，艺术节借助城市独特的人文景观，在地方性与国际性的辉映中彰显自身的个性；另一方面，城市借助艺术节不仅复活了原有的文化遗迹，成为城市复兴的重要文化节点，而且艺术节在带动旅游经济发展的同时，在全球范围内重新树立国际文化之都的形象。

表3-5 世界知名艺术节创立时间及主题

序号	名称	举办时间	主题内容
1	爱丁堡国际艺术节 The Edinburgh International Festival	创立时间：1947年 举行时间：每年8~9月	世界历史上最悠久、规模最大的艺术节之一，主题包括音乐、舞蹈、戏剧等
2	维也纳艺术节 Wiener Festwochen	创立时间：1951年 举行时间：每年5~6月	包括戏剧作品、文化活动、即兴表演、经典剧目等
3	柏林艺术节 Berlin Arts Festival	创立时间：1951年 举行时间：每年9~10月	主要表演音乐、舞蹈和戏剧等，其中歌剧和交响乐是重头戏
4	雅典艺术节 Athens Arts Festival	创立时间：1955年 举行时间：每年5~9月	演出地点以古希腊露天剧场为主，主要邀请戏剧、舞蹈、音乐等演出团体参演
5	美国林肯中心艺术节 Lincoln Center Festival	创立时间：1996年 举行时间：每年夏季	内容包括芭蕾舞、现代舞、歌剧、戏剧、室内音乐以及多媒体表演等
6	巴黎金秋艺术节 Festival d'automne à Paris	创立时间：1972年 举行时间：每年9~10月	聚焦戏剧、音乐、舞蹈、视觉艺术、电影等不同的艺术门类，鼓励跨文化合作
7	新加坡国际艺术节 Singapore International Festival of Arts	创立时间：1977年 举行时间：每年5~6月	汇集音乐、舞蹈、戏剧的演出和艺术品展出等
8	香港艺术节 Hong Kong Arts Festival	创立时间：1973年 举行时间：每年2月	参展节目的选择上具有鲜明的"中西合璧"风格，既不忘传统，又积极吸收具有世界文化特色的节目加入，使艺术节的内容日渐丰富

续表

序号	名称	举办时间	主题内容
9	圣保罗国际表演艺术节 St Paul International Performing Arts Festival	创立时间：1974年 举行时间：每年9月	是中南美洲规模最大、表演最整齐的艺术节，精彩的桑巴舞游行热力四射
10	墨尔本国际艺术节 Melbourne International Arts Festival	创立时间：1986年 举行时间：每年10月	汇集国际和本地的舞蹈、戏剧、马戏、音乐、视觉艺术等

（2）城市艺术节的社会效应

从城市艺术节的举办过程来看，举办城市艺术节是一个长期的具有连续性的文化积累过程。通过持续举办艺术节，城市可以汇聚文化资源、塑造城市形象、书写城市文化历史。以香港艺术节为例。从2013年开始，每年都设置一个主题（表3-6）。2013年是意大利作曲家朱塞佩·威尔第（Giuseppe Verdi）诞辰200周年，"意大利"由此成为重要主题；2014年主题为"英雄"，推出了系列英雄形象，包括中国传统英雄——《水浒传》中的梁山好汉、英国剧作家莎士比亚（William Shakespeare）戏剧中的人物、西方神话人物、魔术师、挑战世俗的恋人等。每年艺术节围绕不同主题调整活动内容，以尽可能为市民提供丰富新鲜的节目。节目吸引了海内外的观众参与。数据统计显示，2018年2月23日至3月24日，第46届香港艺术节以"真·我角度"为主题，共推出130场国际及本土艺术家的演出，约470项"加料节目"和教育活动，共1700名优秀艺术家参与演出，观众达113000人次，售出逾92%的门票。透过多元化的演出及活动、高效的运营体系、开放的国际视野、前瞻性的艺术理念，使得香港艺术节多年来一直成为华语地区及国际艺坛颇具影响力的文化盛事。

表3-6　2013～2022年香港艺术节主题

年份	届次	主题	主题阐释
2013	第41届	意大利	纪念意大利作曲家朱塞佩·威尔第（Giuseppe Verdi）诞辰200周年
2014	第42届	英雄	推出系列"英雄"艺术形象，包括《水浒传》中的梁山好汉、莎士比亚的悲剧人物、西方神话人物以及魔术师等
2015	第43届	女性	在联合国"国际妇女年"40周年纪念之际，女性将在本届艺术节中大放异彩。在歌剧、戏剧、音乐和舞蹈的舞台上，众多不同的女性形象将在观众眼前一一呈现
2016	第44届	其后	多部即将上演的作品均以个人抉择及后果为主线，但各场传统与创新兼具的演出中，观众不单可体会艺术传承和革新，也可品味台上的演出和创作者的心意，从中了解主题背后的更深意义

续表

年份	届次	主题	主题阐释
2017	第45届	此时此地	让观众从艺术见证香港20世纪至今的变迁，同时寓意表演者长年累月的筹备、观众日复一日的期待，尽在此时此刻
2018	第46届	真·我角度	艺术家通过他们的技艺、创意与心思，创作和呈现出多种"真"，这正是艺术家对当下社会、人性和艺术领域的省思
2019	第47届	一步一舞台	呈现出艺术家在不同发展阶段的重要制作，共同感受艺术家的成长步伐
2020	第48届	/	因疫情取消
2021	第49届	远在咫尺	疫情当下虽然人们身处不同地区参与艺术节，但相信艺术能连接众人，为人们带来欢乐、感动及鼓舞
2022	第50届	联系	我们扎根本地，同时又将国际视野融入艺术节的DNA之中。作为一个文化交流平台，我们建立起各种跨地域、跨文化的联系，而在联系过往的同时，我们也联系未来

　　基于城市艺术节所带来的巨大社会影响和经济效益，西方学者经常会使用"复兴"一词来概括它对城市发展的作用。不仅众多传统工业城市试图通过艺术节来重新恢复城市的生机，实现城市的复兴与发展，而且众多新兴城市也期望通过艺术节来激发城市的活力以及对知识资本的集聚能力，在知识经济的全球化竞争中占得先机。

3.3.3 创意设计介入城市产业性复兴

　　创意设计介入城市产业性复兴的主要方式就是打造城市创意经济园区，推进创意产业发展。

（1）创意产业与创意阶层

　　创意产业（Creative Industry）最早由英国提出。1997年，英国首相布莱尔上任以后成立"创意产业特别工作小组"，首次提出将发展创意产业作为一种国家产业政策和战略。《英国创意产业路径文件》将创意产业定义为："源于个体创造力、技能和才华的活动，而通过知识产权的生成和取用，这些活动可以发挥创造财富和就业的潜力。"此后，这一概念被广泛认可，创意产业的理念风行全球。

按照该定义，广告、影视、音乐、戏剧、艺术、建筑、时装、工业、生活用品设计、互动休闲软件等诸多行业都隶属于创意产业范畴，成为重要的新兴产业。

创意产业具有鲜明的集聚特征。创意产业发展高度依赖人的创造力，而只有创意阶层集聚达到一定的量之后才能形成生命力。查尔斯·兰德利（Charles Landry）将"关键大众"视为测量城市创意程度的首要指标；它是特定场所（某几栋建筑物内、城市某一区、整个城市，甚至某一区域）范围内的企业家、艺术家、社会运动者、权力掮客等群体的代表人物，他们敢于创新、富有创造力，能够彼此面对面地互动，创造出新的观念、事物、产品、服务与制度，产生增强效果与群聚效应进而带动经济的成长。理查德·佛罗里达（Richard Florida）将城市社会中兴起的这一群体概括为创意阶层（Creative Class），认为他们与工人阶层和其他服务阶层存在不同属性特征，如具有创意和创造力，具有明显的区位偏好。往往那些能够提供宽松的社会氛围和各种就业机会的多样化城市和区域，创意阶层的密集度与地方多样性呈正相关。创意阶层的属性特征见表3-7。

表3-7 创意阶层的属性特征

维度	属性	具体描述
个人属性特征	创意能力	具有创意和创造力
	教育背景	受教育水平普遍较高
	价值取向	尊重个性，崇尚竞争与实力； 喜欢开放与多样的城市社会环境； 具有修订规则、发现表面离散事件间内在联系的能力； 注重自我价值的实现和自我认同
工作属性特征	工作偏好	主要以团队形式进行创作，以集体互动和空间集聚实现
	职业追求	注重工作的价值和弹性，不仅关心薪酬，还特别重视工作的意义、灵活性和安定性；注重同事间的尊重；注重技术要素以及企业所在城市的环境氛围
消费属性特征	消费多元性	崇尚多样性的文化消费
	消费体验性	注重参与式体验消费
区位取向特征	人才环境要求	创意人才聚集
	技术环境要求	高科技产业发达
	社会文化氛围要求	城市工作与生活环境开放、包容，文化设施丰富，生活便利

（2）全球创意产业园区的发展

西方国家在发展创意产业的过程中，形成了一个共同经验，就是这些城市管理者均从文化立市的高度上重视创意产业园建设，积极制定相关政策，立法保护创意产业发展，为文化创意产业园发展提供重要的政策保护环境。

以英国伦敦为例。在市政府文化立

市的强力推动下,1997年至2005年,伦敦共培育了12万家以上的文化创意企业,伦敦SOHO区、伦敦西区、伦敦南岸、伦敦东区等创意园区闻名世界。其中伦敦SOHO区由牛津街(Oxford)、查令十字街(Charing Cross)、沙福兹伯里大街(Shaffsbury)和摄政街(Regent)围合而成,以中小型媒体企业为主,形成了全球电影制作和后期制作的王牌产业群,是目前世界上最成熟、最典型的创意产业集聚区之一;伦敦西区是与纽约百老汇齐名的世界两大戏剧中心之一,西区剧院(West End Theatre)拥有49家会员剧院,它们集中在沙福兹伯里大街(Shaftsbury)和海马克特(Heymarket)两个街区、方圆不足1平方英里(1平方英里≈2.59平方千米)的范围内;伦敦南岸是泰晤士河南岸欧洲最大的综合艺术中心,结合了旅游景点(伦敦眼、大本钟、泰晤士河)、艺术(皇家节日音乐厅、国家大剧院)、大学(伦敦国王学院、伦敦南岸大学)、娱乐(Imax影院、各类餐厅)、交通(滑铁卢火车站)等;伦敦东区之前是个脏、乱、差的地方,在城市复兴策略推动下,摇身一变成为伦敦最具有艺术气息的区域,集合了各种小型画廊、音乐公司和影视公司,形成了独特产业链。这些创意园区整合了创意资源,为艺术创作、交流、实践提供了新型场所,为艺术品展示、售卖提供了独特的空间,为创意产业发展输送了新鲜血液。无论是漫步于伦敦SOHO区的繁荣夜市还是纽卡斯尔的小镇,无论是欣赏伦敦西区剧院的经典曲目还是品尝东区二手市场的手工奶酪,你都能深切感受到创意产业对整个城市面貌及城市生活的渗透和影响。

从伦敦到纽约,从东京到北京,创意园区建设在世界各大城市如火如荼地进行。进入21世纪以来,中国以北京、上海、广州、深圳为代表的一线城市也掀起了发展创意产业园的热潮。各种以艺术园区、设计创意产业园、动漫产业基地等命名的园区如雨后春笋般出现。据中国文化创意产业网统计,我国文化创意产业园区从2006年进入快速增长期,并在2012年达到顶峰,直到近年开发数量才逐渐放缓。2018年《艺术与设计》杂志曾推出了"世界最具创意的十大艺术区",如表3-8所示。除了有美国纽约苏荷艺术区、伦敦南岸艺术区、洛杉矶酿酒厂艺术村等欧美发达城市的艺术区上榜,北京798艺术区和上海M50创意园也在列。

表3-8 世界最具创意的十大艺术区

排名	艺术区名称	艺术特色
1	美国纽约苏荷艺术区	集居住、商业和艺术为一身,被誉为艺术家的天堂。特色酒吧和高档时装店为邻,艺术画廊和个性化的家居装饰品店并肩,是雅客、时尚青年和游客都不愿放过的重要时尚商业区和旅游景点。世界最知名的品牌如香奈儿、路易威登等早已登陆这块黄金区,但都无一例外地被这里的个性和艺术所渗透

续表

排名	艺术区名称	艺术特色
2	伦敦南岸艺术区	以现代艺术为其醒目的标志,堪称是当今伦敦最富有活力的艺术聚集区。沿着泰晤士河岸,世界三大现代艺术展览馆之一的泰特当代美术馆、英国艺术节中心、莎士比亚环球剧场以及英国最知名的两大剧院新维克、老维克次第排开,而世界上最负盛名的剧院之———英国国家剧院也坐落在此
3	洛杉矶酿酒厂艺术村	世界上最大的艺术村,在 300 个单位内聚居了约 500 名艺术工作者和创作人在这创作、生活,令艺术区充满艺术气息;而社区中的建筑、街道装置也是艺术家的作品,许多艺术家会将新品放在公共区域展示,时常能欣赏到最新潮的设计
4	东京立川公共艺术区	在当年军事基地立川基地的基础上改造而成,拥有七个街区,有办公楼、宾馆、大型百货公司、电影院、图书馆等各种设施,吸引众多创意设计公司进驻,并将自己的设计作品在街区内展示
5	伦敦克勒肯维尔艺术区	位于英国伦敦东北部,拥有水平一流的音乐、剧院、展览馆、电影与博物馆,每年举行克勒肯维尔建筑美术展(London Architecture Biennale in Clerkenwell),吸引众多美术爱好者前往参观
6	北京 798 艺术区	被列入第一批优秀近现代建筑保护名录,是中国文化艺术的展览、展示中心,也是国内外具有影响力的文化创意产业集聚区,被美国《时代周刊》评为全球最有文化标志性的城市艺术中心之一
7	美国鱼雷工厂艺术中心	聚集了不少当地的艺术家,有 80 多个工作室在这落户,超过 165 位视觉艺术家在这里从事艺术创作,类别包括雕塑、绘画、珠宝、摄影等
8	韩国首尔 Heyri 艺术谷	是韩国作家、电影界人士、建筑师、音乐家等多领域艺术家群居的文化村,面积约 49.5 万平方米。艺术家们的工作室、美术馆,众多不同类型与功能的建筑共同形成了一个集创作、展示和家居为一体的复合型空间
9	上海 M50 创意园	上海最早的创意产业集聚区之一,被美国《时代周刊》杂志贴上"上海时尚地标"的标签,列为"推荐参观之地"。曾举办 2005 上海国际服装文化节、2005 时尚之夜、法国工商会、宝马车展、诺基亚及西门子产品推广等一系列时尚活动,是上海时尚文化新地标
10	意大利托尔托纳创意区	2001 年起搭上米兰国际家具展的顺风车,成为艺术家和个人工作室的大本营。虽然坐落在米兰展的展馆外,但是在每届米兰展都能创造非凡的神话,已经成为米兰设计周最具指标性的展区之一

4

「设计之都」：设计与城市共生的国际经验

设计产业作为生产服务性产业,与第一产业、第二产业有着深刻关联。进入21世纪以来,城市之间的竞争开始进入白热化阶段。如同任何一个生命有机体,城市也有其独特的个性与气质,也会经历从活力四射转向衰老,甚至成为废都的发展历程。因此,如何不断把握创新要素、实现自我更新、获得新的生命力,成为现代城市发展的深刻命题。全球创意城市网络就是在这一背景下成立的。通过创意设计彰显城市底蕴、重塑城市美学、建构独特消费体验,成为设计产业与城市共生的创新路径和战略选择。

按照布尔迪厄的文化资本理论,文化资本的形成需要一定的场域,它既包含了一定可感知的场所,又包含着由惯习引导的社会空间。场域具有普遍性,任何力量、任何权力如果不在场域内,与场域的其他要素不发生关系,那么它就不能存在,也没有任何作用。设计的发展同样如此,需要在活跃变化的场域空间中,通过获取资本权力来积累能量,影响和控制场域的生产与再生产。在联合国教科文组织的推动下,"设计之都"建设成为设计与城市共生场域的积极探索。

4.1 "设计之都"项目概述

4.1.1 "设计之都"发起背景

"设计之都"是"全球创意城市网络"成员的一种称号。"全球创意城市网络"项目由联合国教科文组织第170次执行委员会于2004年10月提议并发起,以响应联合国《保护和促进文化表现形式多样性公约》。从该计划的一系列文件及执行的状态来看,它着眼于新经济条件下的城市发展与文化多样化视角,推动具有创意特色的地域文化建设,一定程度上改变了以发达国家与商业都会城市为中心的世界城市关系版图,将更为丰富的城市文化呈现于世界。

"全球创意城市网络"涵盖设计、文学、音乐、手工艺与民间艺术、电影、媒体艺术、美食七大创意领域。其中"设计之都"的申请城市最多,竞争也最为激烈。

加入全球创意城市网络"设计之都",需要城市的设计产业规模、文化景观、设计流派、设计团体、城市发展规划等方面达到相应的要求,见表4-1。截至2020年年底,"全球创意城市网络"共吸纳成员城市246个,中国成员城市共14个,成员城市数居世界第一。

表4-1 全球创意城市网络"设计之都"入选条件

序号	要求
1	拥有相当规模的设计业
2	拥有以设计和现代建筑为主要元素的文化景观
3	拥有典型的城市设计
4	拥有前卫的设计流派
5	拥有设计人员和设计者团体
6	拥有各类专门的设计博览会、活动和设计展的传统
7	为本土设计者和城市规划人员提供机会,使之能够利用当地的材料和各种城市自然条件的优势从事创作活动
8	拥有为设计领域的收藏家开办的市场
9	拥有根据详细的城市设计和发展规划建立起来的城市
10	拥有以设计作为主要推动力的创意产业,如珠宝、家具、服装、室内装饰等

4.1.2 全球入选世界"设计之都"的城市

截至2020年,入选全球创意城市网络"设计之都"的城市共有40个,分布于全球不同国家。

从区域分布看,入选全球创意城市网络"设计之都"的亚洲城市最多,共有17个;欧洲其次,共有11个;北美洲第三,共有6个;南美洲4个,非洲和大洋洲各1个。见表4-2。

表4-2 入选全球创意城市网络"设计之都"的城市

区域分布	时间	城市名单
亚洲(17个)	2005	迪拜(Dubai)
	2008	名古屋(Nagoya) 神户(Kobe) 深圳(Shenzhen)
	2010	首尔(Seoul) 上海(Shanghai)
	2012	北京(Beijing)
	2015	新加坡(Singapore) 万隆(Bandung)
	2017	伊斯坦布尔(Istanbul) 武汉(Wuhan)
	2019	浅川(Asahikawa) 巴库(Baku) 曼谷(Bangkok) 宿务市(Cebu City) 河内(Hanoi) 穆哈拉克(Muharraq)
欧洲(11个)	2005	科尔丁(Kolding)
	2006	柏林(Berlin)
	2010	圣埃蒂安(Saint-Étienne)
	2011	格拉茨(Graz)
	2014	毕尔巴鄂(Bilbao) 邓迪(Dundee) 赫尔辛基(Helsinki) 都灵(Torino)
	2015	布达佩斯(Budapest) 考纳斯(Kaunas)
	2017	科特里克(Kortrijk)
北美洲(6个)	2005	墨西哥城(Mexiko City) 圣何塞(San José)
	2006	蒙特利尔(Montréal)
	2015	底特律(Detroit) 普埃布拉(Puebla)
	2019	克雷塔罗(Querétaro)
南美洲(4个)	2005	布宜诺斯艾利斯(Buenos Aires)
	2014	库里蒂巴(Curitiba)

续表

区域分布	时间	城市名单
	2018	巴西利亚（Brasilia）
	2019	福塔莱萨（Fortaleza）
非洲（1个）	2017	开普敦（Cape Town）
大洋洲（1个）	2017	吉朗（Geelong）

4.1.3 各领风骚的中国"设计之都"

截至2020年年底，入选"全球创意城市网络"的中国城市分别有：深圳（2008年）入选"设计之都"，成为首个加入"全球创意城市网络"的中国城市；上海、成都（2010年）分别入选"设计之都"和"美食之都"，其中成都也是第一个荣获"美食之都"称号的亚洲城市；杭州（2012年）入选"手工艺与民间艺术之都"，北京入选"设计之都"；景德镇和苏州（2014年）入选"手工艺与民间艺术之都"，广东顺德入选"美食之都"；长沙、澳门、青岛、武汉（2016年）分别入选"媒体艺术之都""美食之都""电影之都""设计之都"；南京和扬州（2019年）分别入选"文学之都""美食之都"。下面具体介绍深圳、北京、上海这三个"设计之都"。

（1）深圳：平面设计之都

2003年，深圳确立文化立市的战略，提出设计是产业核心竞争力的理念，明确城市发展目标是以文化产业发展来推动现有经济结构转型。2005年《深圳市文化发展规划纲要》出台，围绕创意设计之都的目标对文化创意产业园区进行规划。2006年开始，深圳先后发布《关于加快文化产业发展若干经济政策》《深圳市文化产业发展专项资金管理暂行办法》《关于建设文化产业基地的实施意见》《关于扶持动漫游戏产业发展的若干意见》等文件，从资金扶持、平台建设等方面制定相关的政策措施，为推动文化及相关产业发展提供政策保障。2008年11月19日，深圳凭借创意设计产业发展的突出成就，被授予全球"设计之都"称号，成为全球创意城市网络的第16名成员城市，也是全球第6个"设计之都"。

2009年，深圳市政府把每年的12月7日设立为深圳创意设计日。这些都为深圳的创意设计产业发展提供了独一无二的竞争力，同时也提升了深圳作为创意城市在世界范围内的知名度和美誉度。

（2）北京：互联网设计之都

中关村地区位于北京市海淀区，毗邻西北四环，交通便利；周边囊括我国著名高校近41所，包括北京大学、清华大学、中国人民大学等。中关村地区不仅仅是互联网公司的发源地，甚至可以说是北京乃至全国互联网产业最早的聚集地之一。此前，中关村被称为"中国硅谷"，而对于我国互联网行业来说，中关村更是无法磨灭的地理印记。曾经我国几大互联网公司总部都在这里，如百度、新浪、搜狐，以及腾讯北京总部此前也设在中关村地区。图4-1为京东北京总部大楼。

图 4-1
京东北京总部大楼

根据2020年7月28日北京市经济和信息化局发布的《2020北京软件和信息服务业发展报告》显示，2019年北京软件和信息服务业实现营业收入13464.2亿元，占全国比重的23.0%；全行业实现增加值4783.9亿元，占全市GDP比重为13.5%；营业收入超百亿元的企业18家。

（3）上海：广告设计之都

北京是中国互联网产业最早的聚集地，而上海则拥有中国内地几乎最早的一批国际4A广告公司，在广告领域创下了多项纪录。早在2004年，上海政府就关注到了文化和创意产业所蕴含的巨大潜力，要求形成以服务经济为主的城市产业结构。经过5年左右的培育，2009年上海创意产业的规模初步形成，总产出达到3900亿元，从业人员95万余人。为了进一步推进文化产品和服务的创造、生产、分配、享受，让创意设计与民间设计、文化遗产紧密结合，上海申请加入"全球创意城市网络"，并于2010年正式获批"设计之都"。数据显示，在获批"设计之都"后，上海创意产业以每年10%以上速度增长。2013年年底时，已经拥有87个创意集群，4000多个与设计相关的创新机构和机构，283个艺术机构，100个博物馆和25个图书馆，"设计之都"名副其实。

2021上海国际广告节暨数字广告高峰论坛指出：作为中国广告经营中心之一，"十三五"期间，上海广告产业规模不断提升，2020年上海主营广告企业68798户，外商投资广告公司6631家，规模以上广告企业广告营业收入达1790亿元，广告传媒类上市公司14家。

4.2 世界"设计之都"形成的常见模式

"设计之都"项目为推动全球创意城市勃兴提供了良好契机。被誉为"创意城市之父"的英国城市规划专家查尔斯·兰德利（Charles Landry）在专著《创意城市：城市创新的工具箱》中指出："艺术文化的创造性是解决城市问题的一种途径，城市的创意重要的是能够在经济、文化、组织、金融等各个领域创造性地解决问题并不断引发连锁反应，从而导致原有体系改变的流动性。"目前加入"设计之都"的既有老牌创意城市，也有以创意设计为城市发展新经济形态的后起之秀。世界"设计之都"的建设和发展具有一定的共同特征，也为当代城市的转型和可持续发展积累成熟模式和经验。

国外"设计之都"的形成模式大致可以分为原发型和诱发型两种。当然两种发展模式并非截然分开、泾渭分明。有些城市可能介于两种模式之间，或者兼而有之。无论界定为哪种模式，其目的都是通过设计手段和设计力量，创造性地解决城市发展中所出现的人与社会、城市与自然之间的诸多问题，使城市走向可持续发展之路。

4.2.1 原发型设计之都

所谓原发型设计之都，主要指那些在正式获批全球创意城市网络"设计之都"称号之前，已经将创意设计作为发展新方向和突破口，并且形成了良好产业聚集效应的城市，代表城市如柏林、新加坡等。

（1）柏林

柏林是德国的首都，也是德国最大的城市。始建于1961年、全长155千米的柏林墙，是德国分裂的象征，也是战争伤痛的重要标志物。1989年民主德国政府宣布公民可以申请访问联邦德国以及西柏林，1990年柏林墙被正式拆除。经历了长达半个世纪磨难的柏林，开始着手整体规划。

20世纪90年代，整体经济形势处于低谷的柏林，试图以房地产业为龙头，启动"欧洲首都"计划，以恢复曾经的辉煌。但是，此计划是依靠贷款拉动建设，冒进的政策使柏林进一步陷入深渊。8年以后，柏林虽然新增700万平方米的办公空间，却造成1/3的人口外流，房屋空置率高出伦敦1倍以上，使柏林更像一座鬼城。世纪之交的柏林，经济发展处于崩溃的边缘：传统工业制造业不景气，人口失业严重；过度开发建设造成城市负债累累，百姓怨声载道。

2002年，克劳斯·沃维莱特（Klaus Wowereit）当选为柏林市长，他上任以后开展了一系列具有开创性的工作。首先，大幅削减公共部门的工资收入，以应对柏林600亿欧元的巨额债务；其次，积极营造良好的城市氛围，以推动创意产业的发展。政府投入巨额资金，将那些空置的房屋进行修缮整合，改造成各类画廊、展馆等艺术空间，以很低的价格租给设计师和创意产业的从业人员。沃维莱特还主动向国际级的电影制片人发出邀约，呼吁他们到柏林拍摄和制作影片。

在各项政策的有力推动下，柏林成为创意人才的集聚地。大批的音乐家、设计师和电影制片人慕名而来，城市活力得到激发。创意设计产业获得迅猛发展，成为柏林经济的重要增长点。统计结果显示，2002年柏林共有文化产业企业18000多家（其中大部分为中小企业），从业人员9万多人，实现产值81亿欧元，占柏林生产总值的11%。到了2006年，柏林的创意企业数量已达22933个，5%的柏林市民供职于创意设计企业，约占GDP的13%。在音乐领域，柏林成为德国重要的音乐基地；凭借首都的政治区位优势，柏林成为德国的传媒中心；在报刊、卡通电影业、软件服务业等领域，柏林也吸引了堪称全国顶尖的人才。无论是对创意设计业余爱好者还是业内人士，柏林都是真正意义上的创意产业中心，这使柏林在2006年入选"设计之都"成为毫无悬念的事情。

（2）新加坡

新加坡也是创意设计产业起步很早的国家。第二次世界大战之后，新加坡为了发展经济，设立了良好的招商引资条件，吸引了美孚石油、日本石川岛播磨重工业公司、美国造船厂商等外资企业落户。这让新加坡的制造业获得了快速发展，呈现出劳动密集型产业的典型特征。20世纪70年代，随着计划生育政策的实施，新加坡的人口红利逐渐消失，劳动密集型产业的人力成本优势逐渐不复存在。20世纪80年代末至90年代初，新加坡"外资主导型"的经济模式使其在动荡的世界格局中面临巨大的挑战和威胁。如何强化自身的产业优势，化解经济震荡的消极影响，成为政府思考的重要问题。

1989年，新加坡旅游局（STB）、新加坡新闻通讯及艺术部（MICA）推出《文化与艺术咨询委员会报告》，强调文化艺术在国家发展中的重要价值。文化创意产业发展上升为国家战略，向文化创意、金融服务、生命科学、旅游观光等新兴产业寻求新的增长空间，成为新加坡谋求转型的新方向。其中在文化领域的一项宏大的计划便是将新加坡市建设成"全球艺术之都"（Global City for the Arts）。新加坡政府的超前意识和认可，为创意设计产业发展提供了良好契机。在政府主导下，创意设计产业作为城市品牌营销和产业结构转型的杠杆获得了系列政策支持。2015年年底，新加坡市被联合国评定为"设计之都"，成为全球第18个设计创意城市。

总体来看，原发型设计之都在加入"创意城市网络"之前，其创意经济或设计产业已经发展到了相当成熟的阶段。在其申报入选"设计之都"过程中，有些城市政府介入较多，从政策、平台、舆论宣传等方方面面给予了充分的支持。但是，也有少数城市几乎没有政府推动，而是依靠原有的设计资源基础，以及经济、文化与技术的互动，顺理成章地成为"设计之都"。

4.2.2 诱发型设计之都

诱发型设计之都特指2004年联合国教科文组织发起创意城市网络之后，以"设计之都"项目建设为契机，通过各种政策和产业手段培育成长起来的新型创意城市。创意城市建设带来的巨大经济和社会效益，让许多城市开始先后加入"设计之都"的角逐。韩国的首尔、日本的神户都属于这种类型。

（1）首尔

首尔是韩国的政治和文化中心，也是韩国城市扩展的集中区域。从20世纪中后期开始一直到20世纪末，首尔和首尔都市圈在以开发和扩张为主的市政方针指导下，经历了一个从设置城市增长边界到促进城市分散、增加其他的增长极和增长中心，从首都圈内的分散到圈外的分散的过程。从表4-3可以看出，2000年以前，首尔的发展重心在于扩大城市版图、完善城市功能。

表4-3 韩国城市扩张政策演变

时间	政策	手段
1964年	控制快速城市增长的国务决策	二级政府机构在地方城市重新分布，不鼓励首尔的新工业开发，在地方分散教育和文化设施
1967年	颁布《地方工业促进法》	指明地方工业的地位，引入间接鼓励措施，促进地方工业发展
1970年	内阁再次重申1964年控制首都不同的学校收费方案，以限制中、高等院校学生流向首尔，发起新村促进运动，以复兴乡村和农业部门	通过《第一次国土综合开发规划》，促进城乡均衡发展，指定围绕主要城区的绿带；中央政府对地方政府和部门分权，对地方城市政府企业的管理部门进行重新布局
1972年	首尔土地利用控制	减少居住和工业用地的区划，取缔非法用地的居民点，在首尔外重新安排政府机构
1973年	引入税收措施以控制人口集中，对首尔和地方大学之间的师生交换程序提供区域定额，限制首尔的学院设置或扩大新的院系	引入大城市新居民人头税，对首尔以外的工业免除地方财产税和所得税，对首尔和其他大城市新建工业采取不同的税收办法

续表

时间	政策	手段
1977年	颁布《工业分散法》	引入三类工业位置分区,即分散区、现状区和引导区,引入工业开发许可计划
1979—1980年	对首尔3000家公司发布"位置变更法令"	
20世纪80年代初	整体生活圈战略规划,增长中心战略规划	划分28个整体生活圈,促进城市与周边城镇和农村及生活圈之间的联系,选定15个城市中心,吸引向首都地区流动的人口
1982年	颁布《首都地区管理法》	首尔首都地区和京畿省分成5个区,不同地区实施不同的发展战略
1984年	制定第一部《首都地区规划》（1984—1997）	大规模的城市开发要求做项目与人口影响评估
1994年	修正《首都地区管理法》	将5个区简并成3个区,征收拥塞费,对工厂、学校进行总量控制
20世纪90年代	地方广域圈开发战略	
1994年	制定《有关区域均衡开发及中小企业培育法律》	

2002年4月,韩国政府提出了"e-KOREA Vision 2006"建设计划,提出把首尔发展成为世界一流城市。围绕"温暖的首尔、便利的首尔、充满活力的首尔"的发展目标,首尔市政府规划了20个中心课题、350个项目。但是,正式将文化城市作为城市发展战略却是2005年以后的事。首尔市政府指定2005年市政方针的中心为文化政策,并且规划了未来十年发展首尔为世界一流城市的文化城市发展战略。

2006年,吴世勋上任为首尔市长,政府启动了"设计首尔"计划,积极申请加入联合国教科文组织的创意城市网络,成为世界设计之都。该计划将设计上升到城市转型发展战略高度,涵盖四个理念：绿色（扩大绿地指数）；蓝色（净化空气、水）；历史（保护首尔的历史遗产）；人文。"设计首尔"的目标是非常明确的：从城市形象建设角度,让城市更具有吸引力,有可持续的环境和富有城市魅力的景观；从城市功能角度,为社会上的弱者包括老、幼、病、残、孕,以及外国人等提供方便；从振兴经济角度,开发具有竞争力的产品和服务满足人们的需要。政府为此成立了设计首尔总部,由副市长担任总部部长；总部下设首尔设计基金会和首尔设计中心,以推动具体工作。

在该计划的指引下,2008年首尔发起"设计奥运"活动,吸引了国内外包括设计师、设计教育者、游客在内的200万人参与；2009年系列主题设计活动在首尔广场举办；2010年相继举办"世界设计之都"首脑论坛、首尔设计论坛、首尔设计展览、"首尔设计广场2010"大型活动。在这一系列的互动中，广大市民亲身参与各种设计活动，营造出崭新的设计文化空间，增强市民的设计意识，使首尔成为名副其实的国际设计之都。2010年，联合国教科文组织正式授予首尔"设计之都"称号。

（2）神户

神户位于日本中部太平洋沿岸一侧，山水环抱，风景秀丽，是兵库县首府、日本第6大城市。作为一个港口城市，神户自开埠以来，不断吸纳外来文化，形成了多元文化融合的特点。在神户市区六甲山麓，有许多外国人居住的房屋，充满异域风情和优雅气息。借助港口区位优势，神户港适宜进口原材料，生产加工后再出口的产业发展，像钢铁、造船、火柴等，进出口贸易业在此基础上也很发达。另外，神户的牛肉、甜品世界闻名，珍珠加工具有世界一流水准，精湛的制作技术赋予了神户独特的魅力。

神户"设计之都"建设是一个渐进性的过程。与其他城市一样，面对时代环境的变化、经济发展状况和社会需求的变迁，神户不断调整城市发展战略，见表4-4。1962年，神户提出"和平之都"构想，希望建设一个和平稳定的城市；1972年，面对日益突出的全球环境问题，神户提出建设"环保之都"；1973年，神户提出"时尚之都"构想，提出把时尚作为生活方式，提升城市魅力的时尚之都宣言。此后神户进行了数十年的努力，大力推进会展业，发展体育和休闲产业，打造以集聚新兴产业为目标的通讯信息产业。1995年阪神大地震爆发，给神户造成巨大损失。1995年的《神户市复兴计划纲要》提出，要以创造性方式实现灾区复兴，设计产业作为新兴产业得到了神户政府的大力支持，并广泛融入神户市民的日常生活当中。直到2007年，"设计之都"的构想正式确立。可以说，"设计之都"建设是其城市发展的必然选择，这使其能够从全局出发，充分利用各方力量参与城市的整体建设。

表4-4 神户城市战略构想变迁表

时间	城市战略构想	目标内容
1962年	和平之都	发表迈向永久和平的都市宣言
1972年	环保之都	力图解决人类面临的共同环境问题
1973年	时尚之都	提出把时尚作为生活方式，提升城市魅力的时尚之都宣言
1982年	会展之都	以港湾人工岛博览会为契机，推进会展城市建设
1985年	体育之都	以世界大学生运动会为契机，推进"体育运动、幸福人生"为目标的国际体育城市的建设
1991年	休闲之都	打造市民选择永久居住、旅人愿意再度访问的休闲城市
1994年	国际多媒体文化都市	以提高市民生活质量、提升产业结构、集聚新兴产业为目标的通讯信息产业发展战略

续表

时间	城市战略构想	目标内容
1997年	运动员之城	所有市民能够参与不同技能水平的体育活动,以构建健康城市为目标
1999年	医疗产业都市	以先进医疗技术研发、产学官一体化、21世纪具有成长性的、与医疗相关的产业集聚为目标
2004年	文化之都	以激活城市文化为基本目标
2005年	创意之都	以安全、安心、健康为基础,建设以多样性交流与融合创造新价值为特征的创意之都
2007年	设计之都	激活创意设计的各个领域,提升城市魅力

　　为了切实推进"设计之都"建设,神户市政府成立了"设计之都推进本部",第一责任人为市长,并设立设计顾问委员会、资深委员、推进委员会,以提供战略咨询和政策落地。设计顾问委员会由行业专家组成,包括商会会长、设计师、专家教授等;资深委员由政府规划部门负责人担任;推进委员会则联合相关政府部门及市民参与。委员会下设行动小组和设计之都推进办公室,专门负责设计之都的申报及相关活动的开展。积极申请加入全球创意城市网络,是神户提高城市的国际知名度、树立城市品牌、促进城市发展重新定位、实现城市发展模式转型的一个重要途径。

　　创建"设计之都"本身就是一种城市文化再定位和创造精神再培植的过程。"诱发型"设计之都呈现出非常典型的政府主导特征。政府积极推动并倾力支持,通过制定实施多维政策和政府扶植,整合社会资源,实现设计产业的长足发展。从战略构想的形成到相关政策的出台,都称得上是对城市发展现状的反思,也是工业城市向现代城市、甚至后现代城市行进的反映。

4.3 世界"设计之都"建设的经验和启示

无论是"原发型"还是"诱发型",国外城市打造"设计之都"的过程具有一定的共通性,形成了一套可资借鉴的典型经验。

4.3.1 推进"设计之都"建设的机制保障

(1)将建设"设计之都"纳入城市乃至国家发展战略

将"设计之都"建设纳入政府顶层设计,甚至上升为国家发展战略,是国外城市成功打造"设计之都"的重要举措。典型代表如"设计首尔"计划、《神户2010规划:优裕的创意城市神户》、《新加坡设计计划书》。

如前所述,20世纪90年代之前,韩国的创意设计产业优势并不明显。1998年,为了摆脱亚洲金融危机带来的经济重创,韩国政府提出"设计韩国"战略,把发展创意产业作为21世纪国家发展的战略性支柱产业,正式纳入国家总体发展战略,并采取系列扶持政策推进产业发展。韩国政府所采取的直接、强有力的产业主导政策,为首尔建设"设计之都"创造了良好的发展环境。日本神户推出的《神户2010规划:优裕的创意城市神户》,提出以城市设计、生活设计和工业设计为基本方针,从"空间的设计""经济的设计"和"文化的设计"三个方面实施设计之都发展战略,成为设计之都建设的行动指南。

新加坡则从1999年开始,就陆续推出系列战略计划。比较有代表性的有:城市文化复兴计划(Renaissance City Plan,简称RCP),该计划先后于1999年、2005年、2008年启动,旨在全面提升新加坡的文化软环境,探索艺术与文化的产业化路径;设计新加坡(Design Singapore),于2003年启动,致力于将新加坡打造成亚洲卓越设计的中心以及全球设计文化和市场的中心;媒介21计划(Media 21),将新加坡打造成有强大的延展能力的全球媒介城市、世界领先的传媒市场、金融中心,见表4-5。系列计划的推出,使新加坡建设设计之都的目标更为明确,而且从设计研发、设计师、设计活动等方面提出了具体要求。比如,通过设计开发提高新加坡的整体设计能力;通过多种措施以激发设计创新，创造新的知识产权；打造新加坡设计节，将其作为设计开发和设计推广的集成平台。从实践效果看，系列设计活动带来了明显的经济和社会效益，通过设计活动来打造不同层次的消费活动和经济文化的内容，树立起新加坡设计之都的国家形象。

表4-5 新加坡文化战略计划

战略	启动时间	建设目标	建设举措
城市文化复兴计划（Renaissance City Plan，RCP）	1999年、2005年、2008年	全面提升新加坡的文化软环境，探索艺术与文化的产业化路径	构建文化艺术与商业市场的合作关系，力推新加坡艺术的国际化；创建艺术集聚区，鼓励全社会积极参与、发展、保护新加坡多元文化特色的艺术与文化遗产；建设一流的文化娱乐区，巩固新加坡全球艺术中心和旅行目的地的地位
设计新加坡（Design Singapore）	2003年	将新加坡打造成亚洲卓越设计的中心以及全球设计文化和市场的中心	加强和发展标志性的新加坡设计产品和服务，促进设计的市场化、产业化；构建充满活力的创意服务集聚区，营造新加坡的设计文化氛围；提高中等学校、技工学校和艺术学校的设计教育水平，在大学开展具有前瞻性的设计项目；引入知名国际设计师事务所，培育设计品牌
媒介21计划（Media 21）	2002年	将新加坡打造成有强大的延展能力的全球媒介城市、世界领先的传媒市场、金融中心	通过对数字媒体的应用研究，实现媒介产品后期制作数字化、专业化；积极出口新加坡生产的内容产品，提升专业化技能，力争在10年内使新加坡传媒产业在GDP的比重提高到1.44%

（2）成立专门机构推进"设计之都"建设

为了推进"设计之都"建设，新加坡市、首尔、神户等城市都成立了专门机构。新加坡文化部于2003年成立新加坡设计委员会，专门负责包括"新加坡设计周"（SDW）在内的与设计相关的主要项目和活动。在设计之都的推进过程中，新加坡先后成立了200余个相关机构，分别承担设计教育、设计推广、设计创新等功能，政府部门、行业协会、金融机构、教育机构、艺术家群体之间充分合作和交流，为新加坡设计产业的发展提供了良好的政策环境和智力支撑。在这些相关机构中，新加坡设计委员会、国家设计中心这两个层级最高的设计文化机构在新加坡"设计之都"的推进过程中起到了有力的推动作用。

首尔推进"设计之都"建设的经验值得推广。韩国为推进首尔创意产业发展，举全国力量提供支持，设立三大设计产业研究中心（首尔设计总部、韩国设计振兴院、韩国创意产业内容机构），为首尔"设计之都"建设提供总体规划、制定设计准则、完善规章制度；成立20余个专业设计机构，为设计行业发展提供平台帮助；创建近10个设计创新中心，为设计研发提供孵化平台。完善的机构设置和技术服务平台使首尔设计产业发展如虎添翼。

（3）完善设计创意基础设施建设

设计创意产业发展，离不开设计服务公共平台、设计企业孵化中心、设计展馆等基础设施建设。布宜诺斯艾利斯的政府和管理者很早便从战略高度意识到设计创意基础设施建设的重要性，并通过持续投入促成城市多元文化以及独树一帜的城市风格的形成。从2000年开始，政府开始着手打造总面积达14000平方米的都市设计中心，为艺术家和设计师提供技术和财政支持，并且带有产业孵化功能。截至2005年评选之前，政府每年为艺术产业发展提供250万美元的资金，纯设计展览的年度预算为50万美元；每年投资1800万美元发展与文化相关的活动与产业。同时，政府以优惠贷款、减税、补贴及城区恢复改造等方式吸引优秀设计公司进驻，并积极引导民间资本投向设计产业。著名的布宜诺斯艾利斯设计购物商城，就是由布宜诺斯艾利斯北部雷科莱塔区（政府产权）的一栋老旧建筑改造而来。市政府将产权转让给私营机构改造装修，其销售的所有商品皆出自阿根廷设计和制造，既带动了商品销售，也展示了设计产业的成果和水平。据统计，因为设计文化产业的发展，布宜诺斯艾利斯已成为拉丁美洲最具吸引力的城市之一。

首尔为了打造设计之都，斥巨资打造了创意设计公共服务平台——东大门设计广场。该广场于2011年12月建成，总建筑面积86368平方米，设有艺术厅、文化中心、设计实验室、创意市场、东大门历史文化公园五大文化设施。其中艺术厅不定期举办各种会展、时装秀、发布会、演唱会及首映式；文化中心主要用于展览和销售各种文创产品，代表了最新设计潮流；设计实验室分为多个展馆，是文化创意交流的平台，同时可以提供各种设计服务；创意市场与地铁直通，构成了一个"文化＋体验＋购物"的综合文化空间。创建于2009年的东大门历史文化公园聚合了历史馆、展览馆、纪念馆、设计画廊，其愿景是成为世界设计的"麦加"，为推动韩国设计师和设计公司登上世界设计舞台发挥核心作用，并通过领先的设计研究机构和组织形成全球网络，成为设计知识的集聚中心。

4.3.2
世界"设计之都"建设的具体措施

（1）立足城市文脉，打造城市特色景观

城市"文脉"是在特定城市空间里发展起来的文化体系，一般可以分为物质类和非物质类两种。物质类文脉是一种显性文脉，包括视显所及的城市自然资源、传统建筑、各类历史遗址等；非物质文脉则是由城市的政治、经济、历史、文化、传统习俗等散发出的隐性城市文脉，它们属于非物质城市形象，但是对城市的物质空间和形态具有深远的潜移默化的影响。立足城市文脉，打造城市特色景观，是布宜诺斯艾利斯、蒙特利尔、东京等城市在打造"设计之都"过程中不约而同使用的做法。

布宜诺斯艾利斯作为阿根廷的首都，同时也是阿根廷政治、经济、文化中心，享有"南美洲巴黎"的盛名。该城拥有大量的历史遗迹和传统建筑，从殖民建筑、现代设计、文艺咖啡馆到多样化的博物馆，从街头上的探戈到二手市场里的古董，都让这座浪漫的南美之城更加立体。尽管如此，在政府的倡导和力推下，设计师将拉丁传统文化与现代技术及艺术观念有机结合，对城市规划、交通、城市景观进行了系列改善，使现代设计和历史文化、传统建筑实现了良好的融合。联合国广场上的"百花代表"（Floralis Generico）金属雕塑，是布宜诺斯艾利斯的著名地标；全长160米的白色"女人桥"（Puente De La Mujer Bridge），其设计师从探戈女演员舞蹈结束时的动作获得造型灵感，采用斜拉钢索结构建成，为周边环境带来了优雅和浪漫。这种氛围在巴勒莫区（Palermo）、雷科莱塔区（Recoleta）和圣特尔莫区（San Telmo）则以丰富多彩的个性街道景观呈现出来，并构成了著名的"设计走廊"（Design Corridors）。

蒙特利尔是加拿大魁北克省最大的城市，也是仅次于巴黎的全球第二大法语城市，2006年入选首批"设计之都"。作为一座历史悠久的城市，蒙特利尔既融合了北美的大气活泼，又具有欧洲的闲适安逸。2005年，该城市提出"想象——建设2025蒙特利尔"规划方案，力图将蒙特利尔建设成更宜居的城市。蒙特利尔的城市规划涵盖了蒙特利尔所有的遗产区域，并根据每个区域的区域特征，制定相关的遗产保护措施，政府鼓励每个区域通过遗产的保护和一些有效的行动来表现区域特征。在保持欧美建筑主风格的同时，蒙特利尔还吸收了其他地域的建筑风格。现代和古典建筑的和谐结合，本地和外地的风格相映成趣，令游客对蒙特利尔千姿百态、风格各异的建筑艺术叹为观止。

神户2008年加盟"全球创意城市网络"以后，在城市规划方面采取了保护与建设并行的原则。一方面，对日本开埠时期的历史建筑，如博物馆、精品店等通过政策措施加以保护，使之成为城市文脉的延续；另一方面，从城市地貌现状出发，结合现代消费需求，打造各式步行街、艺术空间，使传统与现代有机融合，城市历史与文化遗产得以传承。特别是城市近郊还保留了约770户茅草房，与现代城市魅力空间相映成趣，人们可以从任何一地出发移步换景，享受神户城市设计带来的美丽景观。

（2）支持中小企业，培育创意市场主体

中小设计企业是设计行业的一支重要力量。与大企业相比，中小企业的生产模式相对灵活，不需要大规模地生产；其高效率和适应性也适合从事个性化、创意性商品的生产。事实上，很多创意产品都是那些规模不大的中小企业设计完成的，它们是最具活力的创新主体，也是最能捕捉到市场需求动向的市场主体。如果在一个城市中，这种创意型中小企业能够大量集聚并达到一定的规模，整个城市都将会弥漫创意氛围。无论是伦敦、柏林这些国际公认的大都市，还是东京、神户、名古屋等新崛起的"设计之都"，都存在为数不少的中小设计企业和创意团队，它们已经成为"设计之都"建设不可忽视的力量。不少城市政府都将支持中小企业、培育创意市场主体作为重要措施。

柏林市政府对中小创意设计企业除了给予税收政策倾斜外，还提供场地减租、资金扶持等直接支持。对于那些由于历史原因而产生的大量老旧房屋和空房，政府经过修缮整合后，会以极低的租金向设计师们提供。新克尔恩（德语为Neukölln）曾是柏林一个贫穷落后的大社区，犯罪、失业等社会问题突出。从2006年开始，柏林市政府开始支持一些有社会责任感的设计师在这里设工作室，引导居民创业。手工印刷工作室和时装工作室都有该社区的年轻人在学习，设计师鼓励他们按自己的想法制作产品，然后在网上销售，增加了居民对创意产业的信心。伦敦市政府为了吸引社会资本投入创意产业，设立了"创意种子基金""创意之都基金"作为扶持。首尔对中小设计企业的支持涵盖融资、孵化、研发等各个方面。政府不仅牵头成立了"古鲁中小企业中心"，搭建中小企业设计服务、培训和交流平台，还成

立了数字媒体城（Digital Media City，简称DMC）企业孵化中心，帮助中小企业和独立设计师进行原创设计和实验性的设计，以提升设计产业的原创力。而首尔牵头创设的"全球设计城市组织"，更是一个面向更广阔视野的国际化通道。它不仅有力扩大了首尔的国际影响力，更为首尔的设计师、设计企业走向国际舞台创造了更多机会。

（3）创建特色品牌活动，赋能"设计之都"

创建"设计之都"，需要以特色品牌活动作为纽带和支撑，如设计竞赛、设计论坛、设计展览等。它既能展示城市的创意水平和创意能力，挖掘设计人才和创意新秀，也能够促进创意设计的普及，营造城市创意氛围，提升国际知名度和影响力。

神户为建设"设计之都"采取的举措有：一是确定"神户设计日"。2008年10月16日神户正式加入"设计之都"。随后该市将每年的10月16日界定为"神户设计日"，这也成为全市"设计狂欢"的重要节日。各种主题设计、展览和论坛让全市人民全方位感受设计的力量，体验设计的魅力。二是面向优秀的设计机构设立"神户店铺设计奖"。从2008年开始，每年对全市的设计机构进行评选和表彰，鼓励设计创新，引导设计与市民生活的深度融合。三是创设"神户设计复兴展"，展示神户企业设计开发的新产品，打造具有影响力的"神户品牌"。四是举办"神户美术展""世界创意城市论坛""生态·设计论坛"等。

与其他创意城市一样，首尔也将举办

各种创意设计活动作为"设计之都"建设的重要措施。2010年入选为"设计之都"后,首尔在一年之中举办了各类国际设计活动10余项,诸如"世界设计之都峰会""WDC(World Design Capital)国际设计展""首尔国际设计工坊""首尔设计市场"等。其中"WDC国际设计展"以"城市重生"为主题,通过创新城市设计,展现设计如何改善人居环境和生活质量;"首尔国际设计工坊2010"邀请了全球设计领军人物分享经典设计案例,为年轻设计师提供国际化交流机会;"首尔设计市场2010"则由首尔市政府主办,前后持续21天,邀请世界各地公认的品牌设计和知名供应商参与,打造了一个国家知名设计师相互交流和学习的平台,为创意设计的商业转化提供了良好阵地。

特色设计活动和赛事营造了开放、宽松、富于创新与时尚的文化氛围,成为形成创意城市的环境优势。这些活动为本土设计机构和设计师提供了全方位的展示平台,同时也可以从中了解和把握世界设计的前沿和动向,实现创意人才的聚集,推动创意产业向更高阶段发展。根据韩国文化体育观光部公布的《2019年内容行业统计调查报告》显示,2018年韩国文化创意产业销售总额达到119.61万亿韩元(约合1010.6亿美元),同比增长5.6%;全年从事相关内容生产的企业共有105310家;内容产业出口总值为96.2亿美元,同比增长9.1%。

5

武汉「设计之都」建设探索

2017年11月1日，武汉市人民政府召开新闻发布会宣布，经联合国教科文组织评选批准，武汉市正式入选2017年全球创意城市网络"设计之都"，成为继深圳、上海、北京之后的中国第四个"设计之都"。从提出谋划，到正式获批"设计之都"，武汉走过了八年历程。

2009年初，武汉市政府工作报告首次提出打造"工程设计之都"的愿景。2010年3月，住建部勘察设计行业发展战略专家委员会在北京召开会议，就武汉申办"工程设计之都"的战略规划做了详细论证。2011年1月，集合龙头企业、高校院所等32家行业精英的中国武汉工程设计产业联盟成立，标志着"武汉设计"联合舰队正式起航，向着具有国际影响力的"工程设计之都"全力进军。

2011年11月，首届武汉设计双年展隆重开幕，展览定位为"让世界了解武汉"。此后武汉每两年举办一次设计双年展，作为打造"设计之都"的重头戏。2012年5月，中国武汉工程设计产业海外联盟成立；同年12月，"武汉工程设计展"在德国慕尼黑开展，这让武汉真正找到了文化自信。2013年的第二届双年展和2015年的第三届双年展分别以"艺术城市""大匠之学，大美之城"为主题，不仅通过多种方式呈现了武汉设计之美，也引发了社会各界对设计与城市关联的关注。

2017年1月，武汉政府工作报告再次将申报世界设计之都明确为年度工作目标，要求围绕武汉建设国家中心城市的战略导向，强化文化建设和现代服务业升级。2017年5月，武汉正式向联合国教科文组织提交报告，申请加入全球创意城市网络"设计之都"行列。包括武汉在内，全球共有12个城市提交了加入"设计之都"的申请，竞争非常激烈。2017年11月，评选结果公布。与武汉一同上榜的有澳大利亚的吉朗、墨西哥的墨西哥城、丹麦的科灵、南非的开普敦、比利时的科特赖克、巴西的巴西利亚、阿联酋的迪拜、土耳其的伊斯坦布尔。

武汉"设计之都"的建设历程（图5-1），算得上是推动设计与城市共生的良好实践范本。在这个过程中，政府发挥了良好的组织和引领作用，将"打造世界设计之都"纳入政府顶层设计的重要内容板块，制定详细完善的配套政策，并将建设责任分解到相关职能部门予以合力推进；武汉工程设计产业联盟、湖北省包装联合会设计委员会等行业协会充分发挥了平台和纽带的作用，承担了"设计之都"的具体申报工作以及相关活动的策划、实施和宣传推广；连续六届的武汉设计双年展，打造了"设计之都"的视觉盛宴，为武汉设计的实力和魅力提供了有力证据，为入选"设计之都"营造了良好的社会氛围。

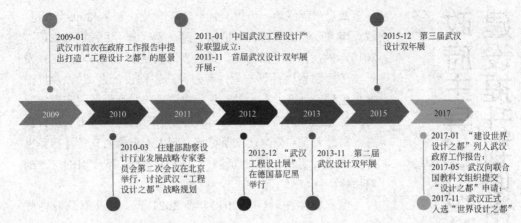

图 5-1
武汉申报"设计之都"历程回顾

5 武汉"设计之都"建设探索

5.1 政府主导,"设计之都"建设提升到城市发展战略层面

武汉申都成功,首先得益于政府的大力支持。2009年1月,武汉市《政府工作报告》提出,武汉要打造"工程设计之都"。2010年的武汉市《政府工作报告》再次要求"大力发展工业设计、工程勘察设计等产业,着力打造工程设计之都",并提出要把工程设计产业与金融、现代物流等一并列为武汉市现代服务业的重点发展产业。2011年8月,当时的武汉市市长唐良智在《财经》杂志夏季达沃斯论坛专刊上发表署名文章《打造世界工程设计之都》,向世界宣示了武汉市委、市政府的这一战略目标。

据不完全统计,从2013年到2021年,武汉市政府曾先后出台30余份文件,为打造"设计之都"提供政策支持,见表5-1。

表5-1 武汉市打造"设计之都"的相关政策文件(2013—2021年)

发布时间	文件名称	涉及内容
2013-06	武汉市国际化水平提升计划(2013—2016年)	建设具有一定国际知名度的读书之城、博物馆之城、艺术之城、设计创新之城、大学之城。到2016年,基本成为我国中部地区最具影响力的国际文化名城
2013-07	武汉市质量发展规划(2013—2020年)	到2020年基本建成"全国工程设计之都"和"中国建桥之都"
2013-12	市人民政府关于打造工程设计之都的实施意见	提出了打造"工程设计之都"的总体思路和目标、主要任务、保障措施
2014-01	市人民政府关于打造工程设计之都配套政策的通知	明确了武汉打造工程设计之都的九大配套政策
2015-02	2015年市《政府工作报告》确定的主要目标任务责任分解方案	积极申报"世界工程设计之都"
2015-04	市人民政府关于加快工业设计发展的意见	加快工业设计创新发展,打造工业设计集聚区,积极推动都市工业园转型升级
2015-10	市人民政府办公厅关于成立市设计之都申报工作领导小组的通知	成立由市长为组长的申报工作领导小组

续表

发布时间	文件名称	涉及内容
2016-02	市人民政府办公厅关于印发2016年市《政府工作报告》确定的主要目标任务责任分解方案的通知	壮大工程设计产业，申报世界"设计之都"
2016-07	市人民政府关于推进供给侧结构性改革的实施意见	加强国际产能合作，加快设计之都建设
2016-08	武汉市服务贸易创新发展试点实施方案	以申报世界"设计之都"为契机，扩大武汉工程设计在国内外的影响力
2016-10	武汉市现代服务业发展"十三五"规划	以工程设计产业为支撑，着力打造世界"设计之都"
2016-12	武汉市全民健身实施计划（2016—2020年）	打造以活动策划、工艺设计、体育影视、体育文化演出为主要内容的体育重大项目
2017-01	武汉市文化产业发展"十三五"规划	积极申报世界"设计之都"，以时尚设计提升城市"生活品位"，以工业设计提升实体产业"创意附加值"
2017-01	武汉市质量品牌提升行动计划（2017—2020年）	使武汉成为国内外知名的"设计之都"和"桥梁制造产业基地"
2017-03	2017年市《政府工作报告》确定的主要目标任务责任分解方案	努力建设全国重要的商贸物流中心、区域金融中心、世界设计之都
2017-05	武汉经济技术开发区（汉南区）发展"十三五"规划	建设武汉乃至国家中部地区重要的"研发设计之都"
2018-03	2018年省《政府工作报告》涉及我市工作任务责任分解方案	支持武汉建设世界"设计之都""中国软件名城"和区域金融中心
2018-03	市人民政府关于进一步加强城市规划建设管理工作的意见	充分发挥"设计之都"平台作用，不断提升武汉建筑设计的创造力和竞争力
2018-08	市人民政府关于加快推进开发区改革和创新发展的意见	各中心城区开发区要瞄准工业设计、时尚创意、人力资源服务等现代服务业领域，培育发展新增长点
2018-10	武汉市国际化水平提升计划（2018—2020年）	发挥联合国教科文组织全球创意城市网络"设计之都"的影响力，举办更多重大国际性会议
2018-11	武汉市深化服务贸易创新发展试点实施方案	以入选联合国教科文组织"设计之都"为契机，打造"国际赛事之都"
2018-11	市人民政府关于推动服务业高质量发展打造服务名城的若干意见	力争到2025年，进一步融入"全球创意城市网络"，建成具有世界影响力的"设计之都"
2019-04	2019年市《政府工作报告》确定的主要目标任务责任分解方案	扩大"设计之都"品牌效应，支持各区打造特色文化创意产业园区

续表

发布时间	文件名称	涉及内容
2019-05	武汉"设计之都"建设规划纲要（2018—2021年）	提出了武汉"设计之都"建设的指导思想、工作目标、重点任务、保障措施
2019-05	武汉市加快推进"设计之都"建设若干政策措施	提出了加快推进"设计之都"建设的八大政策
2020-01	2020年市《政府工作报告》确定的主要目标任务责任分解方案	提高世界"设计之都"影响力
2020-07	武汉市促进线上经济发展实施方案	力争到2022年，武汉"设计之都"品牌影响力进一步增强
2020-12	武汉市全面深化服务贸易创新发展试点实施方案	建筑服务要高质量建设世界"设计之都"
2021-07	市人民政府关于进一步提升城市能级和城市品质的实施意见	强化城市设计的法定地位，实现重点区域城市设计全覆盖
2021-07	武汉市建设国际消费中心城市实施方案的通知	深入发展在线文娱，引进世界顶级动漫企业和电竞赛事，提升光谷创意产业基地、武汉创意天地等重点园区，打造动漫之都、电竞之都

5.1.1 打造"设计之都"成为政府顶层设计重要内容

（1）武汉"设计之都"建设构想的形成

武汉"设计之都"的建设构想经历了一个从"文化五城"到"工程设计之都"的变迁过程。2012年初，武汉出台《中共武汉市委武汉市人民政府关于打造"文化五城"建设文化强市的意见》，提出文化强市的目标，要求至2020年建成"文化五城"——读书之城、博物馆之城、艺术之城、设计创意之城、大学之城。围绕这一目标，武汉陆续建设了武汉党史馆、武汉近代工业博物馆、江汉关博物馆等大型场馆，还整合琴台大剧院、琴台音乐厅、汉秀剧场等文化资源，形成一批布局合理、设施完备、功能齐全的高端文化阵地。

基于武汉在桥梁、隧道、建筑等大型工程设计领域的突出优势和行业影响力，武汉逐渐开始将工程设计作为"文化五城"的重要突破口。2013年7月，《武汉市质量发展规划（2013—2020年）》提出：要建成高质量的城市快速交通体系和一批交通枢纽重点工程，基本建成"全国工程设计之都"和"中国建桥之都"。为了进一步激发工程设计在城市转型升级中的作用，让"武汉设计"成为武汉城市文化新品牌，2013年12月武汉市人民政府发布《关于打造工程设计之都的实施意见》，提出要坚持"绿色、科技、文化"相结合的理念，采用"合作+竞争"的方式，打造"工程设计之都"，到2016年末产业能级明显提升，基本建成国家重要的工程设计中心。2015年的武汉市《政府工作报告》再次明确，要积极申报"世界工程设计之都"，其中武汉市城乡建设委作为责任单位；协助单位分别为武汉东湖新技术开发区管委会、武昌区人民政府。

（2）武汉"设计之都"的建设指标

2015年3月，《武汉市人民政府关于加快工业设计发展的意见》指出，围绕建设国家中心城市、复兴大武汉的目标，要加快工业设计创新发展，打造工业设计集聚区。到2017年，工业设计规模进一步扩大，工业设计总营业收入达到150亿元；工业设计企业影响力增强，力争实现国家级工业设计中心"零"的突破；产业集聚发展初步形成，培育1～2个在国内有示范效应的工业设计示范园区；工业设计的自主创新能力明显增强，形成一批拥有自主知识产权的知名品牌，从而在"十三五"期末，将武汉市打造成为工业设计名城。

2015年10月，为统筹做好申请加入联合国全球创意城市网络以及申报设计之都等工作，武汉成立了以市长为组长的"设计之都申报工作领导小组"；领导小组下设办公室，在市城乡建设委办公，以推进工作。

2019年4月，《武汉设计之都建设规划纲要（2018—2021年）》正式出台，从设计之都示范园区、创意社区试点、特色小镇建设、设计大师、著名设计师和设计机构等方面，对2018年到2021年度武汉设计之都的建设指标进行了详细分解，见表5-2。

表5-2 武汉设计之都建设年度主要指标（2018—2021年）

主要项目	2018年	2019年	2020年	2021年	总计	总计
武汉设计之城/个		1（持续推进）			1	
设计之都示范园区/个	3（在建）	3	3	1	10	
创意社区试点建设/个	3（在建）	20	40	37	100	
特色设计小镇/个	—	5（策划）	5（实施）	—	5	
引进工程设计院士大师/名	1	1	1	1	4	
引进工业设计著名设计师/名	—	1	—	1	2	8
引进文化创意设计著名设计师/名	—	1	—	1	2	
引进世界100强工程设计机构/个	—	—	2	—	2	
引进著名工业设计机构/个	—	1	—	1	2	6
引进著名文化创意机构/个	—	1	—	1	2	
新增工程设计企业/家	6	6	8	10	30	100

续表

主要项目		2018年	2019年	2020年	2021年	总计	
新增工业设计企业/家		5	7	8	10	30	100
新增文化创意设计企业/家		10	10	10	10	40	
新增产业从业人员/名		10000	15000	15000	20000	60000	
培训青年设计师/名		500	500	500	500	2000	
参与国际设计交流活动		3	3	3	3	12	
武汉"设计之都"大型活动		4	5	5	5	19	
可持续发展优秀案例		1	1	1	1	4	
设计产业营业收入/亿元	总计	1570	1800	2000	2200	—	
	工程设计	1215	1360	1480	1600	—	
	工业设计	225	260	300	340	—	
	创意设计	130	180	220	260	—	

5.1.2 武汉建设"设计之都"的具体政策保障

从2014年以来，武汉出台了多条政策为"设计之都"建设提供保障。其中比较系统的政策文件有两个：一是2014年推出的《市人民政府关于打造工程设计之都配套政策的通知》；二是2019年推出的《武汉市加快推进设计之都建设若干政策措施》。

（1）武汉建设"设计之都"的重要政策文件

2014年1月，武汉市人民政府办公厅发布《市人民政府关于打造工程设计之都配套政策的通知》，围绕财税、产业导向、领军企业培育、自主创新与鼓励原创设计、国际贸易、市场导向、投资融资、产业平台、人才培育引进九个方面，进行了详细的政策制定（表5-3）。这为2017年武汉正式入选"设计之都"奠定了坚实的基础。

表5-3 武汉市关于打造工程设计之都的相关配套政策

序号	政策条目	内容要点
1	财税政策	设立工程设计产业发展财政专项资金（以下简称"专项资金"）； 支持中国武汉工程设计产业联盟（以下简称"设计联盟"）发挥产业整合引领作用； 鼓励各区加大对工程设计产业发展支持力度； 积极解决营业税改增值税之后出现的问题

续表

序号	政策条目	内容要点
2	产业导向政策	支持工程设计产业高端专业服务； 支持发展综合设计等创新服务模式； 扶持发展综合交通、绿色建筑、水与生态环境、地下城市、循环经济、节能和新能源六大工程设计咨询业； 扶持发展绿色工程等12个以工程设计为龙头的工程产业链
3	领军企业培育政策	鼓励工程设计领军企业加快发展和发挥带动作用； 大力发展"总部经济"
4	自主创新与鼓励原创设计政策	支持关键性技术研发项目； 支持创新体系建设； 落实自主创新税收优惠政策； 大力保护设计知识产权； 积极扶持中小创意型设计企业； 结合武汉设计双年展，每2年组织"武汉十大最具影响力工程设计项目"评选活动，对入选团队给予10万元奖励
5	国际贸易政策	鼓励开拓国际市场； 鼓励共享海外资源
6	市场导向政策	扩大推行工程项目综合设计范围； 实施全市精细化工程设计鼓励计划； 建立优秀工程勘察设计企业名录制度
7	投资融资政策	支持武汉工程设计产业投资公司的发展； 支持工程设计企业进入资本市场； 支持金融机构对工程设计企业开展DB（设计—施工总承包）、BT（建设、移交）等新型业务提供信用贷款服务； 支持保险机构推出适合工程设计行业特点和需要的新型保险业务
8	产业平台政策	对工程设计产业基地建设的立项和用地提供优惠； 对工程设计产业园区建设提供资助； 鼓励工程设计产业园区建设公共服务平台
9	人才培育引进政策	支持领军人物脱颖而出； 每年组织开展"武汉工程设计行业年度优秀企业家""年度最佳设计师"评选活动，对获奖者给予20万元奖励； 重视人才培养； 全面落实市"黄鹤英才计划"及其他人才优待政策，积极引进优秀工程设计人才、管理人才和优秀青年设计师

2019年5月出台的《武汉市加快推进设计之都建设若干政策措施》，算得上是武汉获批"设计之都"之后迈上建设新征程的总体原则。文件从优化营商环境、壮大设计产业、鼓励设计创新、建设设计产业园区、加快设计人才培育、加大资金投入、扩大国内外合作交流、打造设计之都品牌八个层面出发，对推动设计产业高质

量发展、建设全国重要的设计创新研发基地、打造具有武汉特色的设计之都制定了详细政策（表5-4）。

表5-4 武汉市加快推进设计之都建设若干政策措施

序号	政策条目	内容要点
1	优化营商环境	取消或者放宽市场准入限制； 落实相关税收优惠政策
2	壮大设计产业	鼓励工程设计企业延伸服务链； 支持企业"入库入榜"； 大力引进国内外龙头设计企业
3	鼓励设计创新	支持设计企业创新； 支持设计企业参与标准制定
4	建设设计产业园区	建设设计产业聚集区； 引导小微设计企业入园
5	加快设计人才培育	加大设计产业招才引智力度； 加强青年设计人才培养
6	加大资金投入	加大财政资金支持力度； 加大基金支持力度； 加大企业社会融资力度
7	扩大国内外合作交流	广泛参与国内外设计交流活动
8	打造设计之都品牌	打造武汉设计活动品牌； 大力支持开展设计教育活动； 开展设计进社区、下乡村活动； 鼓励企业参与联合国教科文组织"可持续发展议程"活动

（2）武汉建设"设计之都"的政策取向

对比2014年发布的《市人民政府关于打造工程设计之都配套政策的通知》，2019年的政策充分尊重设计产业的交叉融合特征，高扬大设计理念，致力于推动设计产业与城市发展的深度融合。具体而言，从以下几个方面进行了进一步的明确和完善。

第一，将设计产业界定为现代服务业。2018年5月，国家统计局发布了《文化及相关产业分类（2018）》。根据这个分类，创意设计服务包括广告服务和设计服务。其中，广告服务包括互联网广告服务（指提供互联网广告设计、制作、发布及其他互联网广告服务，包括网络电视、网络手机等各种互联网终端的广告的服务）；其他广告服务（指除互联网广告以外的广告服务）。设计服务包括建筑设计服务（仅包括房屋建筑工程，体育、休闲娱乐工程，室内装饰和风景园林工程专项设计服务；该小类包含在工程设计活动行业小类中）；工业设计服务（指独立于生产企业的工业产品和生产工艺设计，不包括工业产品生产环境设计、产品传播设计、产品设计管理等活动）；专业设计服务（包括时装、包装装潢、多媒体、动漫及衍生产品、饰物装饰、美术图案、展台、模型和其他专业设计服务）。该政策明确了设计服务业的边界。

第二，政策制定注重发挥企业的主体性。设计之都的建设政策坚持企业是城市设计之都建设的主体，充分调动和发挥设计企业的积极性，引导企业在设计之都建设的各个方面主动参与。例如，对新进入全球工程设计150强、世界建筑设计公司100强、省民营服务企业100强等榜单的武汉的设计企业，分别给予不超过50万元奖励；支持设计企业申报国家工程技术研究中心、国家认定企业技术中心、国家创新中心、国家级工业设计中心等，对上述获批的国家级中心给予100万元奖励；对新迁入武汉设计之都示范园区的小微型设计企业，按照每月每平方米10元、总额不超过30万元的标准，给予1年办公场所租赁补助。对投资建设、提升改造设计产业园区的建设开发企业、产权单位和运营企业，可根据其对园区的投资强度等指标采取一事一议的方法给予扶持。

第三，政策制定坚持协同创新原则。设计之都的建设政策坚持大设计理念，充分调动全社会积极参与设计之都建设。提出以设计为引领，打造一批具有世界影响的建筑及城市景观，建设有较强设计感的城市人文环境，提高城市公共空间的品质，提升城市品位；让设计渗透到城市生活的各个方面，包括衣食住行及文化消费等，创造高品质的城市生活；加快设计与实体经济的结合，产生一批占有较多市场份额的具有武汉设计、武汉风格的工业产品；创办一批形成国际影响力的创意设计品牌活动。除提升"武汉设计双年展""中国工业设计博览会""大河城市论坛"外，鼓励和支持企业组织创意设计活动，努力创办好具有武汉特色的"武汉设计大奖赛"和"武汉设计日"活动。

5.1.3 落实"设计之都"建设的具体责任单位

为了推动宏观设计政策与具体实践结合，推动"设计之都"建设与市民日常生活密切对接，武汉市政府不仅将设计之都建设纳入《政府工作报告》，还围绕相关的目标任务进行分解，明确了责任单位和协助单位，见表5-5。

表5-5 武汉市"设计之都"建设目标任务和责任单位

年度	政府目标任务描述	责任主体
2015	积极申报"世界工程设计之都"	责任单位：市城乡建设委； 协助单位：武汉东湖新技术开发区管委会、武昌区人民政府

续表

年度	政府目标任务描述	责任主体
2016	壮大工程设计产业，申报世界设计之都	责任单位：市城乡建设委
2017	推进现代服务业高端化发展，努力建设全国重要的商贸物流中心、区域金融中心、世界设计之都	牵头单位：市发展改革委； 责任单位：市城乡建设委、市交通运输委、市商务局、市旅游局、市金融工作局、各区人民政府
2018	大力实施服务业提速升级计划，加快发展现代物流、现代金融、商务服务、设计咨询、工业软件等服务业集聚区；支持武汉建设"世界设计之都""中国软件名城"和区域金融中心	牵头单位：市发展改革委； 责任单位：市经济和信息化委、市城乡建设委、市交通运输委、市商务局、市金融工作局
2019	加快培育数字创意、设计服务等新型文化业态，扩大"设计之都"品牌效应，支持各区打造特色文化创意产业园区	牵头单位：市文化和旅游局； 责任单位：市城乡建设委、各区人民政府（含开发区、风景区管委会）
2020	提高世界"设计之都"影响力	责任单位：市城乡建设局

总体来看，武汉市关于"设计之都"的政策制定注重宏观与微观的结合，积极依托国家和省市政府现有的政策导向和政策资源，特别是市级有关文化产业创新发展的政策，加强对现行政策导向与政策资源的利用与协调，让所制定的政策与相关的政策形成合力，共同为武汉市设计之都建设服务。

5.2 行业协会在申请世界"设计之都"过程中的积极作用

行业协会是由同行业企业和事业单位自愿结合而成立的民间组织。日本、美国工业行业协会组织机构发育较完善，已成为社会经济结构中的重要组成部分。在我国目前围绕设计产业发展也已形成各级各类的工业设计协会、勘察设计协会、建筑设计协会、平面设计协会等，拥有完善的组织架构。以中国设计师行业联合会（Chinese Designer Industry Federation，简称 CDIF）为例，其组织架构图如图 5-2 所示。

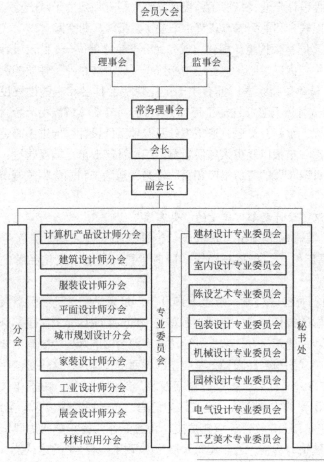

图 5-2
中国设计师行业联合会组织架构图

行业协会在武汉"申都"过程中发挥了不可或缺的作用。其中重要的协会组织有两个，一是武汉工程设计产业联盟，二是湖北省包装联合会设计委员会。

5.2.1
武汉工程设计产业联盟的成立及系列活动

（1）武汉工程设计产业联盟的成立背景

2011年1月，武汉工程设计产业联盟（以下简称"联盟"）成立。作为全国首个由国内著名勘察设计企业、科研院所、高等院校、咨询机构、政府主管部门等32个成员单位共同组成的跨地区、跨行业联合体，该联盟以提升工程设计领域技术创新、发展工程设计产业、打造工程设计之都为目标，致力于从产业高度推进行业发展，强化以联合和创新的方式整合产业链，拓展产业空间。

2016年，联盟基于原有架构重新组建，成立民办非企业单位——武汉设计之都促进中心（以下简称"促进中心"）。促进中心属于"民办非企业"性质的服务型社会组织，拥有成员单位百余家，拥有中国工程院院士11名和中国勘察设计大师39名，高级技术人才近万名，注册工程师10413名，专业领域涵盖冶金、化工、铁路、电力、桥梁、水利、交通、建筑设计及专项工程设计。促进中心主要负责武汉市"设计之都"申报以及重大项目运营，如设计产业示范园区建设、创意社区改造、武汉设计双年展的宣传推广和品牌发布、与国内和国际相关城市的交流合作等。

（2）翟雅阁：武汉"设计之都"建设的"会客厅"

坐落于昙华林的翟雅阁博物馆，是武汉"设计之都"建设的"会客厅"。它担负设计之都的品牌发布、传播与交流，同时也是武汉城市文化品牌的发布中心。

翟雅阁最早名叫翟雅各健身所，始建于1921年，是为了纪念华中师范大学前身——武昌文华大学的首任校长、英国人翟雅各（James Jackson）而建。这座渗透满身沧桑的暗红色古建筑，在细节上处处透着中西合璧的妙处。既有西式的钢木混合结构，又有中式的重檐庑殿顶，是典型的中西合璧建筑，这也是这座建筑最具历史价值的地方，被称为"戴瓜皮帽穿西装"的典型式样。由于年久失修，这座有着上百年历史的古老建筑一度被认为是危房，被一把大铁锁牢牢尘封。在2013年11月1日的第二届武汉设计双年展上，翟雅阁作为昙华林历史建筑代表，同武汉的其他老建筑一起在"百年建筑"展览中亮相，其独特的建筑技术和建筑美学受到了社会各界的广泛关注。2014年初，在武昌区委区政府和产权单位湖北中医药大学的支持下，中国武汉工程设计产业联盟组织各界专家着手翟雅阁的修复工作。2016年11月11日，修缮一新的翟雅阁博物馆重新开放。依托"促进中心"的运营，翟雅阁定期举办设计展览、文化沙龙和对外交流，积极向外界展示武汉设计成果和设计力量，开启了武汉城市文化品牌的历史新篇。

（3）武汉工程设计产业联盟的系列活动

自2011年成立以来，武汉工程设计产业联盟一直致力于通过各种系列活动，打造武汉城市文化品牌。重要活动有以下三个。

一是以"武汉设计双年展"为主品牌的城市文化活动。入选联合国教科文组织创意城市网络"设计之都"有很多硬性要求，除了评估城市的设计产业发展状况，如产业发展规模、产业园区建设、具有影响力的设计奖项等，还有一个软性指标——必须要有一个国际知名的文化品牌或文化活动。联盟决定以"设计双年展"为核心，进行重点包装和打造。从2011年首届武汉设计双年展开始，截至2021年，武汉已经成功举办了六届设计双年展。

二是以"院长论坛"为主品牌的行业论坛活动。"院长论坛"自2007年发起，截至2021年已举办15届。通过持续聚焦工程勘察设计行业的创新转型与升级发展，"院长论坛"已成为产业发展轨迹的映射和缩影，历届"院长论坛"主题见图5-3。2021年第15届院长论坛主题为"智·行：同频共生"。论坛包括院长闭门圆桌会、企业创新发展专题交流分享会、主题论坛，以及"智启共生"思想汇、生态对接沙龙和线上特别直播等。来自政府主管部门的领导以及全国25个省（区、市）、工程勘察设计行业17个细分领域的300多位嘉宾汇聚江城武汉，围绕产业融合共生、高质量发展、数字化转型等热门话题，进行了充分交流和思想碰撞。以民间、开放、价值为引领，持续成长了15年的"院长论坛"已经成为行业发展的重要交流平台。

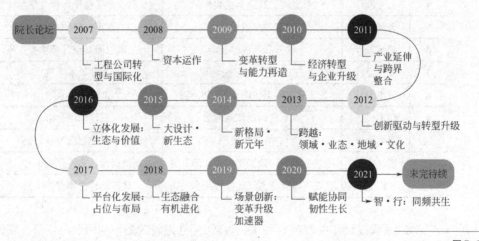

图5-3
历届"院长论坛"主题

三是以申报与建设"设计之都"为主的设计创意活动。立足武汉工程设计产业联盟的行业影响力，以设计中心为平台，从2016年开始，每年的"武汉设计年度发布盛典"成了全行业的发布和交流盛事。工程设计、建筑景观设计、时尚设计、珠宝设计、视觉艺术、动漫游戏等不同设计门类同台上演，展示武汉设计风采，挖掘城市设计新生力量；政府领导、设计专家、协会代表、院校学者和媒体嘉宾济济一堂，盘点武汉设计"家底"，共同描绘武汉设计美好未来。

武汉设计年度发布既是对武汉设计家底的盘点和总结，也是对本土设计师、设计机构、设计企业的鼓励和激励。上榜名单首先由各设计行业协会推荐，然后经过组委会专家审核评定。入选年度设计榜单的包括当年各设计门类的突出作品和典型人物，代表了武汉设计的"硬核实力"。

2016武汉设计年度发布榜单包括了马鞍山长江大桥、青龙山恐龙蛋博物馆、东湖绿道、中山大道等10余项优秀设计成果，成为2016年度武汉设计最佳代表（表5-6）。与此同时，武汉"设计之都"自媒体平台正式对外发布，包括武汉"设计之都"官方网站、微信公众号、官方微博、头条号等多个平台，将致力于为全球创新设计师和机构打造优质的展览、展示平台，打造城市文化交流和品牌发布至高地。

表5-6 2016武汉设计年度发布榜单

序号	设计类别	成果名称	组织单位
1	工程设计	"马鞍山长江大桥"工程设计	中国武汉工程设计产业联盟
2	城市设计	中山大道街区复兴规划	武汉市规划学会
3	建筑设计	青龙山恐龙蛋博物馆	武汉土木建筑学会
4	工业设计	红星奖、红点奖获奖作品	武汉市工业设计行业学会
5	景观设计	东湖绿道设计	武汉市风景园林学会
6	服装设计	第五届武汉时装周	武汉服装设计师协会
7	视觉设计	"东+西"国际设计周	湖北美术学院
8	艺术设计	第三届中国当代陶瓷设计大奖赛	武汉理工大学
9	动漫设计	首届海峡两岸动漫节	武汉动漫协会
10	时尚设计	光合市集	武汉文化创意产业协会
11	国际成果	走进非洲——武汉工程设计南非展	武汉设计之都促进中心
12	其他	武汉"设计之都"自媒体平台发布	武汉设计之都促进中心

2021武汉设计年度发布中，"融创1890工业遗址改造与利用示范项目"获得年度城市更新设计奖。作为武汉重要的工业遗址、近代工业发源地，融创1890项目工业遗址先导示范区创新地"变身"主展场，成为本届双年展的重磅看点，也让不少进场观展的观众啧啧称奇。曾经声名赫赫的汉阳铁厂因时代而褪去功能，又因设计重新焕发生机，工业遗址的改造与利用，藏着大城更新的逻辑。一同入选年度发布榜单的还有乌东德水电站、我爱汉水1906"武汉英雄城市系列"、

《灵笼》动漫设计以及"年度设计人物"李保峰，见表5-7。

表5-7 2021武汉设计年度发布榜单

类别	项目/作品/人物
2021年度工程设计	乌东德水电站
2021年度工业设计	我爱汉水1906"武汉英雄城市系列"
2021年度城市更新设计	工业遗址改造与利用示范项目
2021年度动漫设计	《灵笼》
2021年度文创设计	咸伙计×黄鹤楼联名款文创汽水
2021年度设计人物	李保峰（华中科技大学建筑与城市规划学院学术委员会主任，国家一级注册建筑师）

2021年1月，武汉工程设计产业联盟成立十周年系列纪念活动在翟雅阁举行。活动分为两部分：线下展览"中国武汉工程设计产业联盟十周年回顾展"与线上直播。线下展览展示了十年来中国武汉工程设计产业联盟大事记及历届武汉设计双年展十大工程项目。线上由独立设计师潘妍、张泽南、王颖峰、郝泰然团队发起云直播，主题为"360社区——在城市缝隙中萌发的儿童户外活动空间"。设计师在深入社区采访调研基础上，与粮道街道戈甲营社区书记王丹一同围绕"社区孩子的户外活动空间""作为设计师，我们还能为社区做些什么"等话题展开深入探讨，以孩子为项目出发点，延伸出设计师可以为社区服务的各种可能性创意。

5.2.2
湖北省包装联合会设计委员会的成立及系列活动

2017年12月29日，"2017武汉设计年度发布盛典"在翟雅阁举行。湖北省包装联合会设计委员会作为组织单位，发布了平面设计成果——"2017平面设计在武汉"。作为一个拥有30年历史的行业协会，湖北省包装联合会设计委员会在推动武汉乃至湖北地区创意设计发展上发挥了重要的平台和纽带作用。

（1）湖北省包装联合会设计委员会的成立背景

20世纪70年代末，改革开放的号角吹响，包装设计得到中央及各地政府部门的重视，尤其是出口商品的包装。在20世纪80年代初有几个标志性的事件，对中国包装设计产生了里程碑式的影响。一是1980年12月21日中国包装技术协会（简称"包协"）在重庆成立，它成为中国包装行业的第一个统一管理机构；二是1981年3月19日中国包协第一个专业委员会——中国包协包装装潢设计委员会在北京成立；三是1981年12月6日首届华东包装装潢设计展览交流评比会在山东济南举行，这是中国包协成立后全国第一个地区范围的大型展览，为全国的展览评比活动做出了表率。

随后各种包装装潢设计评比就在全国范围内铺开。从20世纪80年代初到90年代初,"华东大奖包装设计评比"曾先后举办六届,分别在山东济南、江苏常州、江西南昌、浙江杭州、福建福州、安徽合肥举行;"东北地区包装装潢新设计评比"在沈阳、长春、哈尔滨等地举办;"中南星奖包装设计评比"在郑州、桂林、武汉等地举办五届,具体见表5-8。1982年9月26日,第一届全国包装展览会在北京全国农业展览馆开幕。展览会由中国包装技术协会、中国包装总公司主办。湖北参展了一些饼干、糖果、鸡精和酒类的包装(图5-4)。

表5-8 1981—1993年全国代表性包装装潢设计评比汇总

名称	日期	地点	评比内容
第一届华东大奖包装设计评比	1981-12-06～1981-12-10	山东济南	华东大奖30件、优秀设计奖40件
第二届华东大奖包装设计评比	1983-12-07～1983-12-16	江苏常州	华东大奖30件、优秀设计奖40件
第三届华东大奖包装设计评比	1985-06-21～1985-06-23	江西南昌	华东大奖30件、优秀设计奖50件
第四届华东大奖包装设计评比	1987-11-20～1987-12-03	浙江杭州	华东大奖30件、优秀设计奖50件
第五届华东大奖包装设计评比	1989-11-24～1989-12-04	福建福州	华东大奖30件、优秀设计奖50件、创作奖35件
第六届华东大奖包装设计评比	1991-10-20～1991-10-30	安徽合肥	华东大奖30件、优秀设计奖50件、创作奖35件
第一届东北地区包装装潢新设计评比	1982-02-20	辽宁沈阳	优秀设计奖31件
第二届东北地区包装装潢新设计评比	1986-09	辽宁沈阳	优秀设计奖50件
第三届东北地区包装装潢新设计评比	1988-11-22～1988-11-26	吉林长春	金奖20件、银奖30件、优秀设计奖100件
第四届东北地区包装装潢新设计评比	1990-08-20～1990-08-27	黑龙江哈尔滨	关东金奖21件、银奖30件、优秀设计奖100件
第一届中南星奖包装设计评比	1985-11-21～1985-11-27	河南郑州	金奖15件、银奖34件
第二届中南星奖包装设计评比	1987-11-23～1987-11-26	广西桂林	金奖16件、银奖39件、铜奖70件
第三届中南星奖包装设计评比	1989-11-30～1989-12-08	湖北武汉	金星奖17件、银星奖30件、铜星奖58件

续表

名称	日期	地点	评比内容
第四届中南星奖包装设计评比	1991-11-14～1991-11-16	湖南长沙	金奖15件、银奖30件、铜奖50件
第五届中南星奖包装设计评比	1993-08	广东广州	金奖22件、银奖37件、铜奖43件
第一届西南新奖包装设计评比	1985-09-06～1985-09-10	贵州贵阳	西南新奖31件、优秀设计奖74件
第二届西南新奖包装设计评比	1987-11-04～1987-11-07	重庆	一等奖12件、二等奖28件、三等奖60件、优秀设计奖18件
第三届西南新奖包装设计评比	1989-10-27～1989-10-31	四川绵竹	金奖11件、银奖25件、铜奖66件、优秀设计奖21件
第一届华北长城杯包装设计评比	1989-03-20～1989-03-23	天津	金奖10件、银奖20件、优秀奖28件

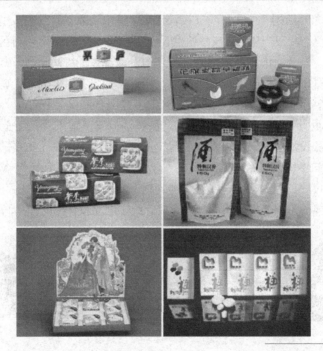

图 5-4
首届全国包装展览会湖北省参展作品

（2）湖北省包装联合会设计委员会发起的系列活动

湖北省包装联合会设计委员会自成立以来，湖北省包协以教、研、赛、展、创、联为关键词，展开系列活动。其中，教包括观摩会、培训班、讲学会、报告会、进修等；研包括座谈会、论文、写作、杂志编辑、研修班等（图5-5）；赛包括评比会、包装装潢大赛、楚天创新奖、中南星奖等；展即展览会；创就是以创作为主题的各类写生、工作会、设计攻关；联就是联谊会、交流会、彩稿观摩会、考察、访问、参观、表彰总结等。

图5-5
湖北省包装技术协会杂志照片

  1985年开始的"中南星奖"设计评比，是中南六省组织的大型设计评比盛事（图5-6）。这是由中国包装技术协会设计委员会下属的中南六省区——广东、广西、湖南、湖北、海南、河南联合举办的设计赛事，每两年举行一次。湖北省包协以此为基础，发起了"楚天创新奖"设计艺术大赛，作为"中南星奖"系列设计艺术大赛的重要组成部分。时至今日，"楚天创新奖"已经成为具有相当知名度的品牌设计活动。2013年，湖北又发起了首届"楚天杯"工业设计大赛。在设计教育和设计研究方面，湖北省包协设计委员会也发挥了重要的研究和决策作用，曾参与中国包装装潢设计刊授大学的教学工作及《包装装潢》编辑部的工作，反映良好；同时在全国多种设计刊物上发表了不少设计作品和论文，扩大了湖北设计界的影响，采用不同形式宣传介绍了湖北设计师的作品和实力。

图5-6
第三届中南星奖获奖作品

  2015年是湖北省包装联合设计委员会成立三十周年。2015年11月，湖北省包装联合设计委员会召开代表大会，决定将湖北省包装技术协会设计委员会更名为"湖北省包装联合会设计委员会"；11月9日，湖北省包装联合会设计委员会成立三十周年成果展暨主题海报邀请展在湖北省美术馆隆重举行（图5-7）。成果展以"三十年大事记"为主线，集中展示了三十年来各时期具有显著代表特征的包装实物作品，以及部分历史文件、文献、期刊、奖杯、奖状。海报展共展出近百幅湖北籍以及部分外省籍优秀设计师创作的主题海报，从不同角度诠释对"湖北设计三十年"的回顾与认识。

图 5-7
湖北省包装联合会设计委员会成立三十周年成果展暨主题海报邀请展

5.2.3 走向产、学、研、用一体化的湖北设计产业

近年来，湖北省包装联合会设计委员会与全国设计界、企业界、行业协会、高等院校的交流与合作日益频繁，努力推动设计学科的产、学、研、用一体化发展。借助工作坊、创新实验、论坛、研讨会、专利申请、成果转化等手段，打造一个"新技术+新设计+新锐艺术"的融合平台。这个平台可以成为国内外设计院校、设计机构、设计团队、设计师和新锐艺术家的融合阵地，同时对接印刷公司、材料企业，共同探索新的制作工艺和项目解决方案。

（1）湖北省包装联合会设计委员会助力湖北设计院校校际交流

2018年初，湖北省包装联合会设计委员会、武汉市工业设计行业协会、江汉大学设计学院视觉传达设计系共同发起"创意实战项目集训营"。集训营由湖北包装联合会设计委员会副会长周静，资深媒体人、《城市中国》总监王炜，天使投资人、国家级光谷创库众创空间创始人蔡宗池等担任导师团，为实战项目——武汉"云舍"进行包装插画和IP形象设计。2019年初的"创新材料设计+艺术实验SHOW"，依托PACKCON包装黑科技俱乐部、中国包装联合会、湖北省包装联合会设计委员会等组织，运用包装黑科技俱乐部成员提供的新材料、新技术、新工艺，打造创新包装制品。活动吸引了武汉大学、武汉理工大学、湖北美术学院、湖北工业大学等多所高校设计团队入驻。

2019年以来，湖北省包装联合会设计委员会还持续组织"包装黑科技——发掘高校100设计新力量"评审活动。该活动旨在帮助武汉高校通过湖北省包装联合会设计委员会"包装黑科技"平台实现校企共创，推动作品升华和产品落地，同时也为武汉设计双年展和中南星奖作品展览进行参赛选拔。活动在毕业季进行，每期邀请来自不同行业的市场总监与高校专家团队共同担任评审团，分期走进湖北地区各大设计院校，发掘高校100设计新力量，推动专业建设，助力平台搭建，推进跨界交流和融合创新，起到了良好的示范作用。

（2）湖北省包装联合会设计委员会助力湖北设计院校对外交流

一是与国内外设计联盟增加合作。2018年8月29日香港设计总会来访，香港设计总会刘小康秘书长以及20多位专业设计师共同探讨两地城市合作；2019年9月13日，上海国际化妆品包装展（ADF&PCD）、Pentawards国际包装设计大赛项目经理让-雅克·埃弗拉德（Jean Jacques Evrard）到访，就Pentawards国际包装设计大赛与湖北省包装联合会设计委员会展开交流探讨。Pentawards创始于2007年1月，被视为全球包装设计领域的"奥斯卡"，参加竞赛的包装设计师可以向全世界展示其设计的独特创意以及专业水准。二是积极进行对外交流，与国际设计组织联合会（ico-D）取得合作，参加香港设计营商周、上海国际包装设计周论坛，增强曝光率。

2019年6月1日，湖北省包装联合会设计委员会协助举办"GDC Show 2019在武汉：东西南北中"系列活动。GDC Show是全球华人最顶尖设计奖项——GDC设计奖系列活动中最重要的创意事件之一，是一种跨地域的线下互动集会，以名师演讲、专题研讨、自由交流等多种方式展开，是承载GDC创意信息的社会活力体与话语场，为每一个参与者搭建的自由、包容的创新分享平台。

5.3 武汉设计双年展:"设计之都"的视觉盛宴

从申报世界"设计之都"开始,"设计双年展"就被作为展示武汉设计水平、打造世界"设计之都"、推进城市文化建设的重要举措。2011年为首届双年展,此后逢单数年举办。截至2021年,已成功举办六届。

5.3.1 首届"武汉设计双年展"的举行

2010年,打造"中国工程设计之都"目标被写进武汉"两会"政府工作报告,随后武汉市市城建委与60家设计企业相聚东湖之滨,订立武汉工程勘察设计重点企业打造"工程设计之都"共同行动纲领。2011年4月,《武汉市工程设计产业发展十二五规划》通过住房和城乡建设部专家团评审,为武汉打造"中国工程设计之都"战略迈出了坚实的一步。

(1)首届"武汉设计双年展"的展览活动

举办具有国际影响力的文化活动,是配合这一战略目标必不可少的重要环节。2011年11月11日,首届"武汉设计双年展"暨艺术城市论坛系列文化活动在武汉美术馆召开。展览共分为三大内容:百年武汉、实力武汉和魅力武汉。依次呈现20世纪20、30年代全国闻名的"大武汉"城市风貌,20世纪50年代武汉作为全国工业中心的工业城市风貌,以及改革开放以来武汉在建筑、桥梁、隧道、铁路、水利等领域展示出来的非凡实力和重大项目成就。具体内容见表5-9。

表5-9 2011年首届武汉设计双年展内容

板块	主题	内容	展示形式
百年武汉	近现代武汉	展示20世纪20、30年代武汉城市建筑,再现当时全国闻名的"大武汉"的城市风貌	存档的建筑物平、立、剖原始图纸影印件,以及老照片、建筑背景、建筑师图文简介等
	中华人民共和国成立初期武汉	展示20世纪50年代武钢、武重、武船等大型国有工业企业,再现武汉作为当时全国工业中心的城市风貌	存档的企业历史资料、图纸资料、城市规划资料等

5 武汉"设计之都"建设探索

续表

板块	主题	内容	展示形式
百年武汉	改革开放时期武汉	展示武汉当代的城市风貌、基础设施建设、重点建筑等成果,重点反映武汉的自然特征与人文特征	历史照片、图文资料、摄影照片等
实力武汉	交通、工业、建筑、生态景观	重大工程项目、设计师、设计文化	重大项目的建设意义、建设过程、直观示意图等全面概况;设计(工程)大师的工作场景、手稿等
魅力武汉	武汉远期规划展示	以武汉规划院成果资料为主,展示武汉在自然资源、产业布局、城市格局、交通发展等方面的规划预想	
	全国美院"艺术城市"邀请展	联手全国著名美术院校汇集武汉,展示自身在全国乃至全世界各地所做的"艺术城市"的研究和实践活动	

（2）首届"武汉设计双年展"的其他活动

除了展览外,首届"武汉设计双年展"还同期举办了"艺术城市论坛"和每日论坛系列活动。"艺术城市论坛"在展览开幕式当天举行,邀请省、市领导,以及全国十大美院代表、全国其他专业院校代表、武汉市建委代表、武汉工程设计产业联盟代表出席并作主题演讲。在展览开幕之后的一个月时间里,每天举办一场主题论坛,由设计联盟各成员单位承办,邀请媒体单位、市民代表、高等院校,围绕武汉城市发展、工程建设核心内容,进行各类主题的论坛交流。这些论坛成为市民解读城市,设计联盟企业推广自身品牌、介绍重大项目经验的舞台。

5.3.2 连续六届"武汉设计双年展"的成功举办

（1）前五届"武汉设计双年展"活动概况

"武汉设计双年展"最开始是以工程设计为主。2011年第一届主要展出工程设计。2013年第二届加入了创意设计板块,在湖北美术学院昙华林艺术区展出。2015年第三届开始就比较体系化了,展览场馆增加到3个,包括中建·光谷之星展区、中南建筑设计院展区以及湖北美术学院昙华林展区;展览内容除了工程设计、城市建筑设计,还有动漫、服装等创意设计;展品数量明显增多,总计约450项。2017年第四届展区增加到6个,共推出展览30场,包括武汉工程设计展、武汉优秀历史建筑展、佛罗伦萨设计周获奖作品展、"百年亮点"长江主轴优秀摄影作品展等；相关论坛活动20多场，如城市设计与公共生活论坛、大师讲堂（系列论坛）、民营设计企业发展论坛、青年设计师先锋论坛设计等，来自不同区域、不同领域的多元主体交流分享，碰撞智慧。2019年第五届的内容更加多元和体系化，以"精致城市"为主题，集中展示武汉在工程、时尚、交通、城市建设、工业、服装设计等方面的精品和艺术，以及创意设计给城市颜值和气质带来的提升，堪称一场盛大的国际设计嘉年华。活动展区也增加到近10个，武昌、汉口、汉阳多点开花，让设计与普通市民的生活更加密切。

加入了一个"武汉设计日"活动单元，并将每年的11月1日确定为武汉设计日。举办武汉设计日，目的在于与创意网络城市分享发展经验，为加快建设现代化、国际化、生态化大武汉注入新动力（图5-8、图5-9）。

图5-9
第五届"武汉设计双年展"暨武汉设计日展览现场

（2）第六届"武汉设计双年展"活动内容

2021年武汉设计日暨第六届"武汉设计双年展"，可以称得上是历届双年展中规模最大、规格最高、覆盖门类最广、国际化程度最高的一届。第六届"武汉设计双年展"主展场设在亚洲最大的工业遗址单体建筑——原汉阳铁厂棒材厂房，分为8大设计展区，共有25个设计之都城市、20多个内地及港澳城市参展，见表5-10。

图5-8
第五届"武汉设计双年展"暨武汉设计日海报宣传及展馆

2019年第五届"武汉设计双年展"

表5-10 2021年武汉设计日暨第六届武汉设计双年展

序号	板块	主题内容	参展主体
1	工程设计成果展	武汉规划建设总体方向、标准，"中山大道"样板项目、获得国际大奖的"武汉三阳路长江隧道工程"大桥项目、武汉杨泗港长江大桥、五峰山长江大桥工程建设项目等	40个工程设计院所、专业组织及知名设计师
2	工业设计展	挑选工业设计作品200件/套进行展陈	德国红点国际设计大奖及黄鹤杯大赛获奖作品，以及澳门设计师协会、国家及省市工业设计中心推荐作品
3	联合国创意城市展	联合国创意网络城市、"墨西哥-普埃布拉"展区、武汉院校主持的四国青年城市设计互动项目	25个联合国创意网络城市应邀参展

续表

序号	板块	主题内容	参展主体
4	文化创意展	动漫及创意设计优秀作品、互动游戏体验	武汉动漫协会、武汉文化创意企业等
5	中国创意城市及长江中四城数字设计展	城市规划、文化创意、旧城改造等方面的多样性呈现，城市历史遗址中的十余件文物与现代数字城市的科技成果	武汉、上海、深圳、杭州、天津、青岛、长沙、合肥、南昌等多城参与
6	城市数字实验空间	以城市影像为主题和素材的沉浸式交互空间	武汉地区高校设计团队
7	工业及文化遗产保护	城市文化历史展示，包括武汉汉剧院的汉剧表演、潍坊风筝现场扎制、民国风拍照体验等	武汉、潍坊等多城参与
8	中国知名插画设计师展	中国知名插画设计师及团队的插画作品展	杳凯-深圳妙手回潮、万鱼鱼、王云飞、齐天大宋、日作团等

南太子湖创新谷展区以展示与市民息息相关的"我们的生活与设计"为主旨，推出"武汉设计双年展"历届回顾展、武汉高校艺术设计专业师生优秀作品展、创意设计作品展等活动模块。"武汉设计双年展"历届回顾展引入了多媒体交互技术，市民通过装有雷达感应电子翻书系统的阅读平台，可以如翻书一样，查看武汉自首届设计双年展以来的重大事件。创意设计作品展展出了武汉的特色文创产品。黄鹤楼成为炙手可热的IP，由其形象衍生设计的啤酒、咖啡、文房四宝等，充分展现了武汉的文化之美和设计之美，吸引众多市民现场观摩和购买。

武昌昙华林翟雅阁博物馆展区推出设计之都工程设计产业联盟论坛、奠基——武汉红色历史建筑展、深圳设计推介会、武汉设计之都·独立设计师联盟云直播等活动。其中，奠基——武汉红色历史建筑展选取了武汉20座极具时代特色和光荣历史的红色建筑，如八七会议旧址、八路军武汉办事处旧址、中国共产党第五次全国代表大会开幕式旧址等，不仅呈现了红色建筑的美学价值，也侧面反映了中国共产党建党百年的历史荣光，为市民提供了一道思想深刻、共享互鉴的艺术大餐。

5.3.3
武汉"设计之都"建设的转型与变迁

经过连续六届活动的举办，"武汉设计双年展"已经成为一个响亮的文化品牌。每两年对设计领域的大事件、大项目、大举措进行一次集中总结（表5-11），展示典型设计成果，推介优秀企业、优秀作品和优秀案例，对于整个行业的发展有很好的促进作用。

表5-11 六届武汉设计双年展概况汇总

届次	时间	主题	展览场馆	活动形式	展会内容
第一届	2011-11-11～2011-11-30	工程设计	1个（武汉美术馆）	6场高峰论坛；16个主题日活动；大师讲堂；"五座武汉城市地标"评选；"十项最具影响力武汉设计工程"评选	11栋武汉近代优秀建筑；50多个武汉工程设计企业代表作
第二届	2013-11-01～2013-11-30	艺术化的城市	1个（湖北美术学院昙华林艺术区）	6场大型论坛；3场大师讲堂；5个主题日活动；3场全国行业会议；新一届"五座武汉城市地标"评选；"十项最具影响力武汉设计工程"评选	"工程设计+创意设计"（展品408件、模型48个、建筑雕塑33个）
第三届	2015-12-08～2015-12-21	大匠之学，大美之城	3个（中建·光谷之星、中南建筑设计院、湖北美术学院昙华林）	6大板块内容的设计展；19场系列论坛活动；"十大双年展微大使"征集活动；"五大城市地标"评选；"十大最有影响的设计工程"评选	工程设计、城市建筑设计、创意设计等展品约450项
第四届	2017-11-11～2011-11-24	设计明天	6个（南太子湖创新谷美术馆、翟雅阁、湖北美术学院美术馆、平和打包厂、中南建筑设计院、中信建筑设计院）	展览30场；论坛活动20多场；"五大城市地标"评选；"十大最有影响的设计工程"评选	武汉城市规划设计、工程设计、工业设计等
第五届	2019-11-01～2019-11-10	精致·城市	近10个（平和打包厂、汉口江滩、翟雅阁、湖北美院、戈甲营社区、创意天地、红T时尚创意园等）	展览13场；各类活动和论坛37个；"十大最受欢迎的武汉设计"评选；"五大城市地标"评选	集中展示武汉在工程、时尚、交通、城市建设、工业、服装设计等方面的精品和艺术

续表

届次	时间	主题	展览场馆	活动形式	展会内容
第六届	2021-11-01～2021-11-12	本色·城市	4大展场（汉阳区融创1890项目工业遗址先导示范区、武汉开发区南太子湖创新谷、武昌区翟雅阁博物馆、江汉区红T时尚创意街区）	27场展会；组织52场系列活动；30个世界设计之都、14个中国创意城市、3个长江中游城市群省会城市、武汉城市圈10个湖北城市参加	是武汉各门类创意设计的一次集体"走秀"，规划设计、工程设计、工业设计、动漫设计、服装设计、包装设计、遗产保护、汽车设计、美丽乡村的优秀作品，相聚设计盛宴，诠释城市的本色

从历届"武汉设计双年展"主题，可以清晰地看到武汉"设计之都"的发展脉络，那就是从关注宏观的工程设计到关注小而美的微观设计；从关注大型工程企业到关注设计师个体；从关注产业整体发展到关注百姓生活。

（1）工程设计：武汉申报世界"设计之都"的基础

武汉申报世界"设计之都"，最初是依靠大型工程设计作为立足点。工程设计是武汉的传统优势产业，在世界范围内也处于相当领先的水平。武汉市各界领导都深刻认识到工程设计在产业发展中的重要作用，认为它是实现经济增长方式转型的重要切入点和着力点，是工程建设的"龙头"、工程建设产业链的前端，对实现绿色低碳发展负有重大的历史使命。武汉市政府希望通过申报"设计之都"，不仅可以学习借鉴、促进推动工程设计之都的建设，还可以把武汉的发展通过设计窗口传向世界，成为武汉创新驱动转型发展的重要载体。

武汉拥有良好的研发优势，科研院所众多；拥有良好的人才优势，高校林立；拥有良好的产业聚集优势，九省通衢。武汉的建筑设计在国内处于不错的水平，武汉市规划设计研究院、中南建筑设计院这些设计院都属于超级大院，拥有千名设计师；建筑教育方面，武汉很多高校都设有建筑设计系；在艺术设计教育方面，湖北美术学院、武汉理工大学、湖北工业大学都是知名院校，在中部地区拥有很高的知名度。如果将这些优势集中起来，应该可以构建一个良好的产业生态。

（2）申报世界"设计之都"之后：工程设计与小微设计并重

2017年武汉成功入选"设计之都"之后的设计双年展，即2019年第五届"武汉设计双年展"，主题就是"精致·城市"。从建筑、艺术、时尚、服装、工业、动漫等不同角度，展示武汉精致城市的建设成果，寻找武汉精致城市建设的符码。"武汉设计双年展"期间，昙华林举办了一个专门的展览，从旧城改造、城市更新角度来宣传武汉设计，比如老武昌城戈甲营社区改造、啤酒厂社区改造等。

近两年来，武汉"设计之都"的建设重心逐渐开始向百姓民生倾斜。工程设计、大设计就如同人体的动脉和静脉；生活设计、小微设计则如同身体的毛细血管。如果说工程设计、大设计是长江、黄河，那么生活设计、小微设计就是溪流和湿地。两者互为补充，缺一不可。十九大报告已经明确提出，中国特色社会主义进入新时代，我国社会主要矛盾已经转化为人民日益增长的美好生活需要和不平衡不充分的发展之间的矛盾。这是一个非常重要的观念转变。过去几十年里，强大的国家能力创造了中国经济快速腾飞的奇迹。发展到目前阶段，老百姓对物质生活的硬需求开始下降，与之相反，对文化、服务的软需求越来越高。满足人们对美好生活的需要，小微设计、个体设计可以发挥广泛的作用，用设计创意让艺术和生活碰撞，用设计美学引导市民保持对生活的热爱。一方面，可以用大的工程设计服务于国家大的发展战略，用设计创新打造国之重器；另一方面，用小微设计对接百姓日常需求，创造美好生活。

6 设计及相关产业发展实证分析

设计是基于智力和创意，借助现代科技手段，以实用为目的的创造活动。2015年，武汉市正式成立了"设计之都"申报工作领导小组，申报工作随即启动。2017年11月，联合国教科文组织授予武汉"设计之都"称号，随后武汉市人民政府发布了《武汉设计之都建设规划纲要（2018—2021年）》，以供给侧结构性改革为主线；以壮大产业规模、优化发展质量、提升创新能力为核心；以深化改革、扩大开放、业态创新、产业融合为抓手；以"设计之都"建设项目为载体，推动武汉市设计产业创新发展、提速升级，形成"政府主导、武汉市场主体、武汉市民参与、国际合作"的设计之都建设模式，将武汉市建设成具有较强辐射力和影响力的设计之都。

本章从武汉市设计产业发展的宏观环境，以及武汉、湖北和全国设计及其相关产业发展指数统计分析入手，从中发现问题和不足。

6.1 武汉市设计产业发展宏观环境

近年来,湖北省及武汉市人民政府陆续出台了多项文件,完善设计产业发展政策,清理并取消影响设计产业发展的限制性、障碍性、歧视性政策,最大限度为设计产业发展松绑,在优化营商环境、金融扶持、税收减免、设计园区建设、企业创新培育、优秀案例评选、设计活动开展、设计人才培养、优秀企业引进、加强国际交流、完善设计教育等方面给予大力支持,为设计产业良性发展保驾护航。

6.1.1 武汉市设计产业发展宏观政策环境

(1)湖北省关于推动设计产业发展的相关政策

据不完全统计,2015年至2019年,湖北省人民政府发布的关于设计产业发展相关的政策文件超过30条,见表6-1。

表6-1 湖北省关于设计产业发展的重要政策文件(2015—2019年)

发文时间	文件名称
2015-01-09	省人民政府关于加快服务业发展的若干意见
2015-03-02	省人民政府关于推进文化创意和设计服务与相关产业融合发展的实施意见
2015-05-19	省人民政府关于促进服务外包产业加快发展的实施意见
2015-05-29	省人民政府关于加快发展服务贸易的实施意见
2015-07-19	省人民政府关于加快互联网平台经济发展的指导意见
2015-09-14	省人民政府办公厅关于进一步促进展览业改革发展的实施意见
2015-09-25	省人民政府关于印发湖北省加快科技服务业发展实施方案的通知
2015-10-30	省人民政府关于推动高校院所科技人员服务企业研发活动的意见
2015-12-24	省人民政府关于加快推进"互联网+"行动的实施意见
2016-02-02	省人民政府关于加快推进建筑产业现代化发展的意见
2016-06-23	省人民政府关于加快知识产权强省建设的意见
2016-09-06	省人民政府关于加快构建大众创业万众创新支撑平台的实施意见

续表

发文时间	文件名称
2016-09-13	省人民政府关于印发湖北省大数据发展行动计划（2016—2020年）的通知
2016-09-23	省人民政府办公厅关于加快推进新一轮技术改造和设备更新促进工业转型升级的意见
2016-10-18	省人民政府办公厅关于发挥品牌引领作用推动供需结构升级的意见
2016-11-03	省人民政府办公厅关于印发湖北省开展消费品工业"三品"专项行动计划（2016—2018年）的通知
2016-11-23	省人民政府办公厅关于开展湖北千年古县调研做好地名文化遗产保护工作的通知
2016-11-29	省人民政府办公厅关于印发湖北省标准化体系建设发展规划（2016—2020年）的通知
2016-12-18	省人民政府关于印发鄂西生态文化旅游圈发展"十三五"规划的通知
2016-12-29	省人民政府关于加快特色小（城）镇规划建设的指导意见
2016-12-30	省人民政府关于加快推进传统产业改造升级的若干意见
2017-02-21	省人民政府办公厅关于印发消费品标准和质量提升规划（2016—2020年）湖北行动纲要的通知
2017-03-15	人民政府办公厅关于大力发展装配式建筑的实施意见
2017-04-24	省人民政府办公厅关于建设省级大众创业万众创新示范基地的实施意见
2017-05-10	省人民政府办公厅关于加快发展康复辅助器具产业的实施意见
2017-12-11	省人民政府办公厅关于印发湖北省特色小镇创建工作实施方案的通知
2018-02-26	省人民政府关于进一步加快服务业发展的若干意见
2018-07-02	省人民政府关于进一步优化营商环境的若干意见
2018-08-28	省人民政府办公厅关于进一步激发社会领域投资活力的实施意见
2018-12-25	省人民政府办公厅关于印发湖北省进一步扩大和升级信息消费持续释放内需潜力实施方案的通知
2019-02-01	省人民政府办公厅关于印发荆楚大遗址传承发展工程实施方案（2019—2023年）的通知
2019-07-24	人民政府关于印发湖北省5G产业发展行动计划（2019—2021年）的通知

设计产业作为文化产业的重要组成部分，被纳入政府顶层设计。2015年1月，湖北省政府发布《省人民政府关于加快服务业发展的若干意见》，提出要"充分利用我省文化资源优势，大力发展具有荆楚特色的文化产业。着力发展文化创意、影视制作、印刷复制、广告、演艺娱乐、文化会展、动漫游戏等重点产业，加快发展数字出版、数字传输、移动互联等新兴产业，重点推动中国光谷创意产业基地、华中国家数字出版基地、华中国家版权交易中心、华中国家绿色印刷包

装物流产业园建设，支持构建武汉市原创动漫游戏作品传播服务体系"。2015年3月，《省人民政府关于推进文化创意和设计服务与相关产业融合发展的实施意见》再次明确："到2020年，全省文化创意和设计服务与相关产业全方位、深层次、宽领域的融合发展格局基本形成，文化创意和设计服务总量在文化产业所占比重明显提高，培育50家产值过亿元的骨干企业，构建10个以文化创意和设计服务为先导的产业链（产业集群），形成一批具有自主知识产权和较高市场占有率的产品，建设一批特色鲜明的融合发展城市、集聚区和新型城镇，将我省打造成中部地区文化创意和设计服务与产业融合发展高地。"

社会经济转型升级背景下，设计产业与传统产业融合趋势明显，城市发展和百姓生活共融共生，这对设计产业发展提出了更高要求。2016年11月，湖北省人民政府印发《湖北省开展消费品工业"三品"专项行动计划（2016—2018年）》，要求"以服装、家纺、家电、家具、食品、工艺美术等行业为重点，创建3～5个示范性时尚创意设计名城和产业园区，创建20个省级工业设计中心。加快培育工艺美术设计、工业设计等创意设计产业。开展多层次、多渠道的工业设计机构与制造企业对接活动，推进工业设计、文化创意和消费品工业融合发展。继续开展湖北省工业设计大赛活动，加快设计成果的转化、运用和推广"。在随后出台的《湖北省大数据发展行动计划（2016—2020年）》《消费品标准和质量提升规划（2016—2020年）湖北行动纲要》《湖北省5G产业发展行动计划（2019—2021

年）》等重要规划文件中，设计产业以文化创意为基点，以创新驱动产品升级和产业发展，推动消费和投资良性互动，助力产业升级和消费升级协同共进，成为政府重点工作内容之一。

设计产业发展的具体措施逐渐细化，分门别类。2015年9月，湖北省人民政府出台《关于进一步促进展览业改革发展的实施意见》，明确指出了湖北展览业发展的指导思想、发展目标、主要任务以及组织实施，要求支持武汉市建设"全国重要的会展中心"；形成以武汉为中心，以各市州为侧翼的良性发展格局；推动展览机构与国际知名的展览业组织、行业协会、展览企业合作，引进一批国际知名品牌展会；鼓励并引导金融、保险、营销、咨询等与展览业的加快融合，实现展览业全产业链发展。同时，出台《关于大力发展装配式建筑的实施意见》等文件，为建筑设计、工业产品设计提供具体的指导措施。

（2）武汉市关于设计产业发展的相关政策

从2015年开始，武汉市人民政府有关设计产业发展的政策文件密集出台（表6-2）。这些政策大致可分为以下三类。

一是立足具体产业类别，对设计产业发展提出针对性的意见。如2015年发布的《市人民政府关于加快推进建筑产业现代化发展的意见》《市人民政府关于加快工业设计发展的意见》《市人民政府关于支持全市广告业创新发展的意见》，以及2019年发布的《市人民政府关于促进会展业高质量发展的意见》，分别从指导思想、发展目标、主要任务以及组织实施等层面，对建筑设计、工业设计、广告业、二是从产业融合发展的角度，积极推动设计产业与传统制造业、旅游业、互联网新兴技术产业的融合，发挥创意设计在产业转型升级、供需结构调整中的作用。如《市人民政府关于印发武汉市推进制造业与互联网融合发展行动计划（2016—2020年）的通知》《市人民政府办公厅关于发挥品牌引领作用推动全市供需结构升级的意见》《市人民政府关于印发武汉市高新技术企业培育三年（2019—2021年）行动计划的通知》《市人民政府关于促进全市旅游民宿规范管理和健康发展的意见》等。

三是从技术支撑、平台建设、资金扶持等角度，积极营造设计产业发展的良好氛围，助力产业振兴。如《市人民政府关于印发武汉市智慧园区建设工作方案的通知》《市人民政府关于印发武汉市促进在汉高校科研院所科技成果就地转化行动方案（2018—2020）的通知》《市人民政府关于印发武汉市进一步扩大利用外资促进经济高质量发展的若干措施的通知》《市人民政府办公厅关于进一步激发社会领域投资活力的意见》等。具体见表6-2。

表6-2 武汉市关于设计产业发展的重要政策文件（2015—2019年）

发文时间	文件名称
2015-01-23	市人民政府关于加快推进建筑产业现代化发展的意见
2015-04-01	市人民政府关于加快工业设计发展的意见
2015-12-25	市人民政府关于支持全市广告业创新发展的意见
2016-02-19	市人民政府办公厅关于进一步实施武汉老字号振兴工程的意见
2016-08-15	市人民政府关于印发武汉市智慧园区建设工作方案的通知
2016-08-31	市人民政府关于印发武汉市推进制造业与互联网融合发展行动计划（2016—2020年）的通知
2016-11-11	市人民政府办公厅关于启动第三批创谷项目建设工作的通知
2017-01-20	武汉市文化产业发展"十三五"规划
2017-11-28	市人民政府办公厅关于发挥品牌引领作用推动全市供需结构升级的意见
2018-01-12	市人民政府关于加快新城区特色（生态）小镇建设的意见
2018-02-12	市人民政府关于印发武汉市会展业发展专项资金管理办法的通知
2018-11-01	市人民政府关于印发武汉市深化服务贸易创新发展试点实施方案的通知
2018-11-20	市人民政府关于印发武汉市促进在汉高校科研院所科技成果就地转化行动方案（2018—2020）的通知
2018-11-29	市人民政府关于推动服务业高质量发展打造服务名城的若干意见
2019-03-04	市人民政府关于促进会展业高质量发展的意见

续表

发文时间	文件名称
2019-03-04	市人民政府关于印发武汉市加快服务业高质量发展若干政策的通知
2019-03-20	市人民政府关于印发武汉市进一步扩大利用外资促进经济高质量发展的若干措施的通知
2019-04-12	市人民政府办公厅关于进一步激发社会领域投资活力的意见
2019-05-28	市人民政府关于印发武汉市加快推进"设计之都"建设若干政策措施的通知
2019-07-31	市人民政府关于印发《武汉市文化产业招商引资扶持若干规定》的通知
2019-08-13	市人民政府关于印发武汉市高新技术企业培育三年（2019—2021年）行动计划的通知
2019-09-27	市人民政府办公厅关于印发汉正街复兴总体设计方案的通知
2019-11-19	市人民政府关于推进重点产业高质量发展的意见
2019-11-28	市人民政府关于促进全市旅游民宿规范管理和健康发展的意见

6.1.2 武汉市设计产业发展宏观经济环境

（1）2015—2019年湖北省经济发展总体趋势

近年来，湖北生产总值每年保持7.3%以上的增速。2015年总产值30344亿元，到2019年达到45429亿元，五年间增加了15085亿元，增长率达到49.7%。从生产总值年度增速看，近五年湖北生产总值增速分别为8.60%、8.10%、7.80%、7.80%、7.30%，增速总体放缓，但是高于全国平均水平，如图6-1所示。

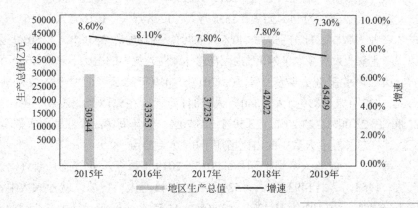

图6-1
2015—2019年湖北省生产总值及增速

（2）2015—2019年湖北三大产业发展概况

2015—2019年湖北第一产业发展总体平稳。第一产业总值分别为3110亿元、3406亿元、3529亿元、3548亿元、3809亿元；年增速分别为10.3%、10.2%、9.5%、8.5%、8.4%。五年间总体增加了699亿元，增幅为22.48%。

第二产业发展稳中有升。2015—2019年第二产业总值分别为13569亿元、14527亿元、15714亿元、17574亿元、18723亿元；年增速分别为44.7%、43.6%、42.2%、41.8%、41.2%。五年间总体增加了5154亿元，增幅为37.98%。

第三产业发展迅猛。随着经济产业结构转型，湖北省现代服务业及高新技术产业实现快速增长。2015—2019年第三产业总值分别为13665亿元、15420亿元、17992亿元、20900亿元、22897亿元；年增速分别为45%、46.2%、48.3%、49.7%、50.4%。五年间总体增加了9232亿元，增幅为67.56%。如图6-2所示。

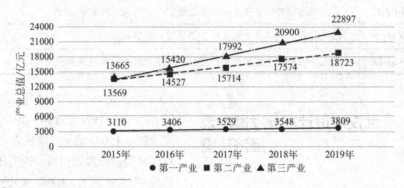

图 6-2
2015—2019年湖北省三大产业总值

（3）2015—2019年湖北三大产业就业人员情况

从三大产业的就业人数看，2015—2019年第一产业就业人数逐年递减。第一产业就业人数分别为1404万人、1338万人、1278万人、1216万人、1164万人；在总体就业人数中占比分别为38.40%、36.80%、35.40%、34.00%、32.80%。五年间第一产业就业人数减少了240万人，在总体就业人数中的占比下降了5.6个百分点。

第二产业就业人数稳中有升。2015—2019年第二产业就业人数分别为834万人、837万人、839万人、840万人、841万人；在总体就业人数中占比分别为22.80%、23.00%、23.20%、23.50%、23.70%。五年间第二产业就业人数增加了7万人，在总体就业人数中的占比增加了0.9个百分点。

第三产业就业人数增加明显。2015—2019年第三产业就业人数分别为1420万人、1458万人、1493万人、1524万人、1543万人；在总体就业人数中占比分别为38.80%、40.10%、41.40%、42.60%、43.50%。五年间第三产业就业人数增加了123万人，在总体就业人数中的占比增加了4.7个百分点。如图6-3所示。

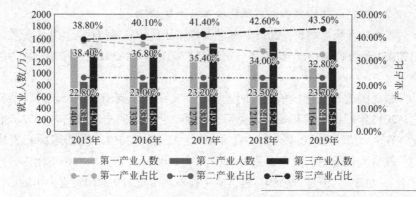

图 6-3
2015—2019 年湖北省三大产业就业人员及构成

6.1.3 武汉市设计产业发展宏观社会环境

（1）2015—2019 年湖北省人口总数及构成情况

湖北省总人口数从 2015 年的 5852 万人上升到 2019 年的 5927 万人，人口总数增加了 75 万人。从人口类别看，城镇人口数量总体在上升，农村人口在逐年减少。

其中，2015—2019 年湖北省城镇人口数量分别为 3327 万人、3419 万人、3500 万人、3568 万人、3615 万人，在总人口数中占比分比为 56.90%、58.10%、59.30%、60.30%、61.00%，五年间城镇人口增加了 288 万，在总人口数中占比增加了 4.1 个百分点。

2015—2019 年湖北省农村人口数量分别为 2525 万人、2466 万人、2402 万人、2349 万人、2312 万人，在总人口数中占比分比为 43.10%、41.90%、40.70%、39.70%、39.00%，五年间农村人口数量减少了 213 万，在总人口数中占比下降了 4.1 个百分点。如图 6-4 所示。

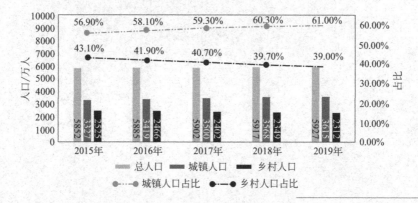

图 6-4
2015—2019 年湖北省人口总数及构成

（2）2015—2019年湖北省居民收入与消费状况

居民收入稳步增长。2015年湖北省城镇居民和农村居民人均可支配收入分别为27051元和11844元，2019年分别达到37601元和16391元，涨幅分别为39%和38.4%。

居民的教育文化娱乐消费明显上升，文化娱乐支出的涨幅超过了消费总支出。2015年城镇居民和农村居民用于教育文化娱乐的支出分别为1972元和1118元，在人均消费支出中分别占比10.8%、11.4%；2019年城镇居民和农村居民用于教育文化娱乐的支出分别为2967元和1808元，在人均消费支出中分别占比11.1%、11.8%。但是，总体而言，文化娱乐消费支出在总消费支出中的占比依然较低。如图6-5所示。

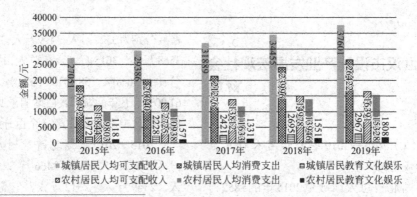

图 6-5
2015—2019 年湖北省居民收入与消费

6.2 武汉市设计及相关产业发展指数分析

分类标准是产业统计工作的前提和基础。如前所述，2015年北京市统计局发布了《设计产业统计分类（试行）》，将设计产业界定为以工业产品、建筑与环境、视觉传达等有形或无形的产品为主要对象，以提升产品价值、改善用户体验为目的，将创意转化为解决方案的创造性活动的集合，主要分为四类：产品设计（包括工业设计、集成电路设计、服装设计、时尚设计、工艺美术设计在内），建筑与环境设计（包括建筑设计、工程设计、规划设计在内），视觉传达设计（包括平面设计、动漫设计、展示设计在内），其他设计。

由于每个省份、每个区域设计产业发展水平不一，产业发展的侧重点有所区别，所以以上分类标准在各省的推广和执行力度是不统一的。以湖北省为例，笔者在对湖北省统计局、湖北省委宣传部等部门相关负责人进行访谈时了解到，湖北省目前尚无关于设计产业的独立统计数据。2005年，按照国家统计局统一规定的文化产业❶概念及分类，湖北省统计局首次利用经济普查资料和有关部门资料，对全省2005年文化产业进行了一次全面计算和测算。此后湖北省统计局联合湖北省委宣传部，每年会发布上一年度的湖北省文化产业统计数据相关报告。

从《文化及相关产业分类》❷的分类标准看，设计产业的内容创作生产、创意设计服务、文化娱乐休闲服务等内容是涵盖其中的。所以

---

❶ 2004年，为贯彻落实党的十六大关于文化建设和文化体制改革的要求，规范文化产业的统计范围，建立科学可行的文化产业统计，国家统计局在与中宣部及国务院有关文化部门共同研究的基础上，依据《国民经济行业分类》（GB/T 4754—2002），研究制定了《文化及相关产业分类》，并作为国家统计标准颁布实施。

❷ 2012年，为适应我国文化产业发展的新情况、新变化，国家统计局参考了联合国教科文组织《文化统计框架2009》，对分类进行修订完善，形成了《文化及相关产业分类（2012）》；2017年6月30日，新的《国民经济行业分类》（GB/T 4754—2017）正式颁布；2018年4月2日，国家统计局印发《文化及相关产业分类（2018）》，对之前执行的《文化及相关产业分类（2012）》进行修订。新分类继续使用原分类对文化及相关产业的定义，是指为社会公众提供文化产品和文化相关产品的生产活动的集合。新修订的分类类别共设置9个大类，分别是新闻信息服务、内容创作生产、创意设计服务、文化传播渠道、文化投资运营、文化娱乐休闲服务、文化辅助生产和中介服务、文化装备生产、文化消费终端生产。根据活动相似性，在每个大类下设置若干中类，共计43个中类，在每个中类下设置了若干具体的活动类别，共计146个小类。

本章节选取2015—2019年的湖北省文化产业统计数据，对武汉市设计产业的发展现状展开实证分析。之所以选择这一时间段，基于两点原因：第一，2015年武汉正式启动"设计之都"申报，武汉设计产业的发展由此开始得到政府层面的高度重视；第二，2020年受新型冠状病毒肺炎疫情（简称"疫情"）影响，文化及相关产业发展统计数据出现波动，具有一定的偶发因素，所以未纳入研究范畴。

6.2.1
武汉市设计及相关产业发展初具规模

依据《2019湖北文化及相关产业统计概览》和《湖北统计年鉴2019》，2019年湖北省各市州法人单位数、年末从业人员、文化及相关产业资产总计、营业收入、文化产业增加值以及占GDP比重具体如表6-3所示。

纵观湖北省，武汉市继续呈现强大的人才聚集效应。2019年武汉文化及相关产业法人单位数972个，占全省（2845个）总数的34.17%；年末从业人员253369人，占全省（432676人）总数的58.56%。

从产值来看，武汉市在湖北省依然处于领跑地位。2019年武汉市文化及相关产业资产总计3710.3亿元，占全省（5763.2亿元）的64.38%；营业收入2063.1亿元，占全省（3953.3亿元）的52.19%；文化产业增加值811.98亿元，占全省（1932亿元）的42.03%；文化及相关产业占GDP的比重达到5.01%，高于全省占比（4.25%）。与2018年武汉市文化产业增加值733.19亿元、占比4.91%相比，增加值上升了78.79亿元，上涨了10.75%；占比提高了0.1个百分点。

表6-3 2019年湖北省各市州文化产业发展统计

地区	法人单位数/个	年末从业人员/人	资产总计/亿元	营业收入/亿元	文化产业增加值/亿元	占GDP比重/%
全省	2845	432676	5763.2	3953.3	1932	4.25
武汉市	972	253369	3710.3	2063.1	811.98	5.01
黄石市	85	7604	48.3	45.3	48.20	2.73
十堰市	115	5800	58.4	40.9	68.98	3.43
宜昌市	411	44651	531.6	393.8	209.86	4.70
襄阳市	266	19664	134.9	280.3	203.43	4.23
鄂州市	47	3416	45.4	73.8	30.98	2.72
荆门市	127	10895	365.7	205.4	88.43	4.35

续表

地区	法人单位数/个	年末从业人员/人	资产总计/亿元	营业收入/亿元	文化产业增加值/亿元	占GDP比重/%
孝感市	160	20676	138.1	301.2	116.17	5.05
荆州市	113	9790	65.5	80.4	68.91	2.74
黄冈市	205	21903	251.8	153.1	86.27	3.71
咸宁市	131	10267	171.5	114.2	60.48	3.79
随州市	46	5326	30.6	48.7	31.44	2.70
恩施土家族苗族自治州	80	4687	96.1	23.7	37.07	3.20
仙桃市	46	6044	46.8	57.4	29.46	3.39
潜江市	15	1840	23.9	22.8	19.67	2.42
天门市	22	6060	25.7	46.8	17.84	2.74
神农架林区	4	684	18.5	2.4	2.86	8.69

武汉市与排名第二的市州的差距进一步加大。近年来，武汉市和宜昌市的文化产业增加值在湖北都处于排名第一、第二的地位。2018年两市文化产业增加值相差542.57亿元；2019年两市差距达到602.12亿元。如表6-4所示。

表6-4 2018—2019年湖北省各市州文化产业增加值排名前五强

排序	2018年（全省1779.75亿元）			2019年（全省1932亿元）		
	地区	文化产业增加值/亿元	全省占比/%	地区	文化产业增加值/亿元	全省占比/%
1	武汉市	733.19	41.20	武汉市	811.98	42.03
2	宜昌市	190.62	10.71	宜昌市	209.86	10.86
3	襄阳市	182.40	10.25	襄阳市	203.43	10.53
4	孝感市	105.66	5.94	孝感市	116.17	6.01
5	黄冈市	94.51	5.31	荆门市	88.43	4.58

6.2.2 武汉市设计及相关产业发展态势良好

从2019年湖北省各市州法人单位数、年末从业人员、文化及相关产业资产总计、营业收入、文化产业增加值以及占GDP比重统计数据看，以上6项指标均为正向指标，因此能够对数据进行指标归一化处理。本部分采用Z-Score标准化法，对各项指标进行数据标准化处理。标准分

数 Z 计算公式：$Z=(x-\mu)/\sigma$。其中，Z 为标准分数，x 为原始值，μ 为平均值，σ 为标准差。

Z 值的量代表着原始分数和母体平均值之间的距离，是以标准差为单位计算。在原始分数低于平均值时 Z 则为负数，反之则为正数。

根据上述公式对2019年湖北省各市州文化及相关产业统计数据进行标准化处理，法人单位数、年末从业人员、文化及相关产业资产总计、营业收入、文化产业增加值以及占GDP比重6项指标换算如表6-5所示。

表6-5 2019年湖北省各市州文化产业发展统计数据标准分析

地区	法人单位数/个	年末从业人员/人	资产总计/亿元	营业收入/亿元	文化产业增加值/亿元	占GDP比重/%
武汉市	3.47871	3.81784	3.83184	3.77380	3.68593	0.76193
黄石市	-0.35603	-0.29896	-0.33042	-0.38602	-0.34545	-0.74714
十堰市	-0.22634	-0.32918	-0.31894	-0.39509	-0.23577	-0.28383
宜昌市	1.05335	0.32161	0.21890	0.33243	0.50782	0.55675
襄阳市	0.42648	-0.09695	-0.23199	0.09845	0.47388	0.24567
鄂州市	-0.52032	-0.36912	-0.33372	-0.32727	-0.43634	-0.75376
荆门市	-0.17446	-0.24384	0.03034	-0.05597	-0.13311	0.32510
孝感市	-0.03179	-0.07999	-0.22835	0.14153	0.01331	0.78841
荆州市	-0.23498	-0.26235	-0.31087	-0.31366	-0.23614	-0.74052
黄冈市	0.16276	-0.05944	-0.09912	-0.16379	-0.14451	-0.09850
咸宁市	-0.15716	-0.25436	-0.19039	-0.24398	-0.28064	-0.04555
随州市	-0.52464	-0.33712	-0.35054	-0.37901	-0.43391	-0.76699
恩施土家族苗族自治州	-0.37765	-0.34783	-0.27609	-0.43055	-0.40420	-0.43606
仙桃市	-0.52464	-0.32509	-0.33212	-0.36108	-0.44437	-0.31030
潜江市	-0.65866	-0.39552	-0.35815	-0.43241	-0.49604	-0.95232
天门市	-0.62840	-0.32483	-0.35611	-0.38293	-0.50570	-0.74052
神农架林区	-0.70622	-0.41488	-0.36429	-0.47446	-0.58477	3.19762

注：成分得分1=0.196×法人单位数（个）+0.200×年末从业人员（个）+0.198×资产总计（亿元）+0.200×营业收入（亿元）+0.200×文化产业增加值（亿元）+0.057×占GDP比重（%）。

在完成6大指数标准化处理后，本部分尝试运用SPSS模型，对2019年湖北省17个市州文化产业发展指数进行综合测评。

（1）湖北省文化产业发展指数主成分分析

首先使用主成分分析进行信息浓缩研究，首先分析研究数据是否适合进行主成分分析。从表6-6可以看出：KMO为0.821，大于0.6，满足主成分分析的前提要求，意味着数据可用于主成分分析研究。数据通过Bartlett球形度检验（$p<0.05$），说明研究数据适合进行主成分分析。

表6-6　KMO和Bartlett的检验

KMO 值		0.821
Bartlett 球形度检验	近似卡方	226.844
	df	15
	p 值	0.000

通过主成分分析法，对2019年湖北省17个市州文化及相关产业各项指标进行成分分析，得到文化产业发展指数方差、主成分得分系数，见表6-7。

表6-7　2019年湖北省文化产业发展指数方差解释率

编号	特征根			主成分提取		
	特征根	方差解释率/%	累积/%	特征根	方差解释率/%	累积/%
1	4.977	82.945	82.945	4.977	82.945	82.945
2	0.934	15.571	98.516	—	—	—
3	0.072	1.192	99.708	—	—	—
4	0.012	0.194	99.902	—	—	—
5	0.003	0.054	99.956	—	—	—
6	0.003	0.044	100.000	—	—	—

表6-7针对主成分提取情况以及主成分提取信息量情况进行分析，可知：主成分分析一共提取出1个主成分，特征根值均大于1，此1个主成分的方差解释率分别是82.945%，累积方差解释率为82.945%（如果主成分提取个数与预期不符，可在分析时主动设置主成分个数）。另外，本次分析共提取出1个主成分，它们对应的加权后方差解释率，即权重依次为82.945/82.945=100.00%。2019年湖北省文化产业发展主成分得分系数矩阵如表6-8所示。

表6-8　2019年湖北省文化产业发展主成分得分系数矩阵

名称	成分
	成分1
法人单位数/个	0.196
年末从业人员/个	0.200
资产总计/亿元	0.198

续表

名称	成分
	成分1
营业收入/亿元	0.200
文化产业增加值/亿元	0.200
占GDP比重/%	0.057

（2）湖北省各市州文化产业发展指数得分

以每个主要成分对应的特征值占所提取成分的特征值之和的比例为权重，对主成分分析得到的因子载荷矩阵进行计算，得到各市州文化产业发展综合得分（表6-9）。综合得分 F 计算公式为：$F=(82.945×成分得分1)/82.945$。

表6-9　湖北省各市州文化产业发展指数得分

地区	综合得分	排名
武汉市	3.740	1
黄石市	−0.384	11
十堰市	−0.316	9
宜昌市	0.514	2
襄阳市	0.147	3
鄂州市	−0.438	14
荆门市	−0.096	6
孝感市	0.009	4
荆州市	−0.313	8
黄冈市	−0.067	5
咸宁市	−0.227	7
随州市	−0.446	15
恩施土家族苗族自治州	−0.390	12
仙桃市	−0.413	13
潜江市	−0.519	17
天门市	−0.479	16
神农架林区	−0.322	10

6.3 湖北省相关产业发展指数分析

6.3.1 湖北省文化及相关产业发展总体概况

（1）湖北省文化及相关产业法人单位及从业人员

2015—2019年湖北省规模以上文化及相关产业法人单位及从业人员增量显著，其中，规模以上法人单位数分别为1652个、1814个、2117个、2717个、2845个，五年间规模以上法人单位数增加了1193个，增幅达72.22%。

2015—2019年规模以上从业人员人数分别为245241人、253897人、291138人、398820人、432676人，五年间从业人员增加了187435人，增幅达76.43%。如图6-6所示。

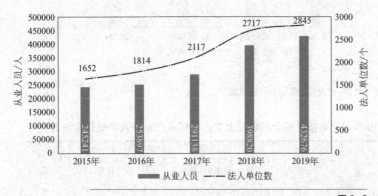

图 6-6
2015—2019年湖北省规模以上文化及相关产业法人单位及从业人员

（2）湖北省文化及相关产业增加值及占GDP比重

2015—2019年湖北省文化及相关产业增加值及占GDP比重逐年上升。其中，文化及相关产业增加值分别为895.3亿元、1096.3亿元、1482.9亿元、1779.8亿元、1932.0亿元。2016年湖北文化及相关产业的增加值首次突破1000亿元，五年间文化及相关产业增加值增加了1036.7亿元，增幅达115.8%。至2019年达到1932亿元，为2015年的2倍。

2015—2019年文化及相关产业增加值占GDP的比重分别为2.95%、3.29%、3.98%、4.24%、4.25%，五年间增长了1.3个百分点。如图6-7所示。

（3）湖北省文化及相关产业细分类别发展概况

根据国家统计局《文化及相关产业分类（2018）》标准，

文化及相关产业分为9大类，依次为新闻信息服务、内容创作生产、创意设计服务、文化传播渠道、文化投资运营、文化娱乐休闲服务、文化辅助生产和中介服务、文化装备生产、文化消费终端生产。2019年湖北省按类别分规模以上文化及相关产业法人单位基本情况如表6-10所示。

图6-7
2015—2019年湖北省文化及相关产业增加值及占GDP比重

表6-10　2019年湖北省按类别分规模以上文化及相关产业法人单位基本情况

类别	法人单位数/个	年末从业人员/个	资产总计/亿元	营业收入/亿元	税金及附加/亿元	营业利润/亿元	应交增值税/亿元
新闻信息服务	67	92676	296.5	367.9	1.8	1.9	3.8
内容创作生产	603	108406	1023.4	828.9	5.8	63.0	21.9
创意设计服务	382	53637	1076.7	679.5	3.2	61.9	17.2
文化传播渠道	264	25117	435.9	226.0	2.2	9.5	2.3
文化投资运营	33	2254	1150.3	38.5	1.3	14.3	3.0
文化娱乐休闲服务	298	25486	710.1	139.8	14.8	30.1	6.3
文化辅助生产和中介服务	568	78651	703.1	1000.0	8.4	57.4	28.9
文化装备生产	100	16106	147.2	183.0	3.7	9.7	4.6
文化消费终端生产	530	30343	219.8	489.7	4.9	23.8	9.6
总计	2845	432676	5763.0	3953.3	46.1	271.6	97.6

从规模以上文化及相关产业法人单位营业收入看，位于前三位的是：文化辅助生产和中介服务（1000.0亿元，占比25%）、内容创作生产（828.9亿元，占比21%）、创意设计服务（679.5亿元，占比17%）；位于后三位的分别是：文化投资运营（38.5亿元，占比1%）、文化娱乐休闲服务（139.8亿元，占比4%）、文化装备生产（183.0亿元，占比5%）。如图6-8所示。

对比2018年和2019年，排名前三位的类别都是文化辅助生产和中介服务、内容创作生产、创意设计服务；排名后三位的类别都是文化投资运营、文化娱乐休闲服务、文化装备生产，如图6-9所示。其中，营业收入增加值从高到低依次为：新闻信息服务（191.1亿元）、文化辅助生产和中介服务（117.0亿元）、内容创作生产（116.2亿元）、文化娱乐休闲服务（26.4亿元）、文化装备生产（22.8亿元）、文化投资运营（18.0亿元）。营业收入增加值出现负增长的三个类别依次为：创意设计服务（-22.2亿元）、文化传播渠道（-32.8亿元）、文化消费终端生产（-109.0亿元）。如图6-10所示。

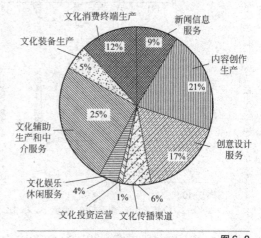

图6-8
2019年湖北省规模以上文化及相关产业法人单位营业收入的类别构成

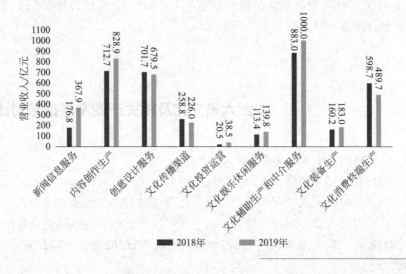

图6-9
2018—2019年湖北省文化及相关产业营业收入

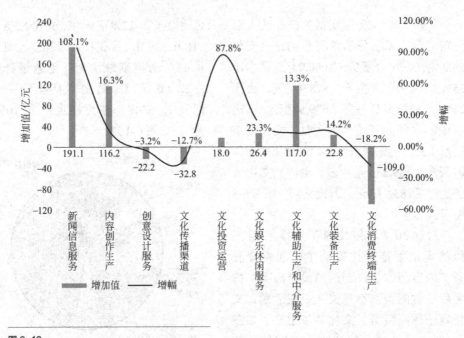

图 6-10
2018—2019 年湖北省文化及相关产业营业收入对比

从变化幅度看，2018 年至 2019 年，9 类产业增幅从高到低依次为：新闻信息服务（108.1%）、文化投资运营（87.8%）、文化娱乐休闲服务（23.3%）、内容创作生产（16.3%）、文化装备生产（14.2%）、文化辅助生产和中介服务（13.3%）。降幅最大的依次为：文化消费终端生产（-18.2%）、文化传播渠道（-12.7%）、创意设计服务（-3.2%）。

6.3.2 中部六省文化及相关产业发展指数对比分析

（1）2019 年中部六省居民收入指数统计

2019 年中部六省常住人口数量从高到低依次为：河南 9640 万人、湖南 6918 万人、安徽 6366 万人、湖北 5927 万人、江西 4666 万人、山西 3729 万人。

从居民收入看，2019 年中部六省全体居民可支配收入从高到低依次为：湖北 28319 元、湖南 27680 元、安徽 26415 元、江西 26262 元、河南 23903 元、山西 23828 元。

从城镇常住居民可支配收入看，湖南最高，39842 元；其次湖北，37601

元；安徽第三，37540元。其他三省依次为：江西36546元，河南34201元，山西33262元。

从农村常住居民可支配收入看，湖北最高，16391元；其次江西，15796元；安徽第三，15416元。其他三省依次为：湖南15395元，河南15164元，山西12902元。如图6-11所示。

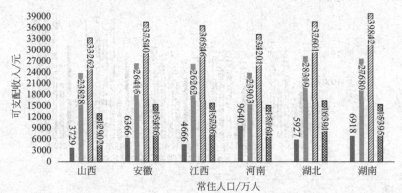

图6-11
2019年中部六省经济社会发展主要指标数据

（2）2019年中部六省居民消费指数统计

2019年中部六省居民消费价格指数从高到低依次为：湖北103.1、河南103.0、江西与湖南相同102.9、山西与安徽相同102.7。

从全体居民消费支出看，2019年中部六省全体居民消费支出从高到低依次为：湖北21567元、湖南20479元、安徽19137元、江西17650元、河南16332元、山西15863元。

从城镇常住居民消费支出看，湖南最高，为26924元；其次湖北，为26422元；安徽第三，为23782元。其他三省依次为：江西22714元，河南21972元，山西21159元。如图6-12所示。

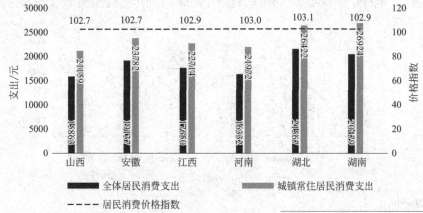

图6-12
2019年中部六省经济社会发展主要指标数据

（3）2015—2019年中部六省文化及相关产业增加值及占GDP比重对比

自2017年以来，湖北省文化及相关产业增加值在中部六省稳居第三位；与排名前两位的河南省和湖南省的差距进一步缩小（图6-13）。

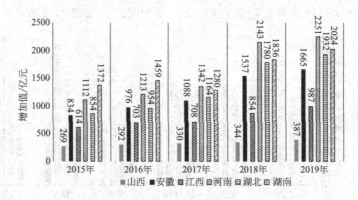

图6-13
2015—2019年中部六省文化及相关产业增加值

2018年中部六省文化及相关产业增加值从高到低排名依次为：河南（2143亿元）、湖南（1836亿元）、湖北（1780亿元）、安徽（1537亿元）、江西（854亿元）、山西（344亿元）；2019年中部六省文化及相关产业增加值从高到低排名依次为：河南（2251亿元）、湖南（2024亿元）、湖北（1932亿元）、安徽（1665亿元）、江西（987亿元）、山西（387亿元）。

从文化及相关产业占GDP比重看，2018年中部六省从高到低排名依次为：湖南（5.05%）、安徽（4.52%）、河南（4.29%）、湖北（4.24%）、江西（3.80%）、山西（2.16%）。2019年湖南、安徽依然位居第一和第二位，湖北超越河南，占据第三位。2019中部六省从高到低排名依次为：湖南（5.07%）、安徽（4.52%）、湖北（4.25%）、河南（4.19%）、江西（4.00%）、山西（2.28%）。如图6-14所示。

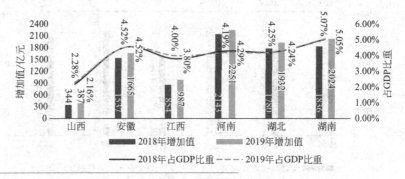

图6-14
2018—2019年中部六省文化及相关产业增加值及GDP占比

6.4 全国设计相关产业发展指数分析

6.4.1 2019年全国文化及相关产业统计数据

2019年全国（本研究不包含港、澳、台地区情况）规模以上文化及相关产业法人单位61232个，资产总计137053.8亿元，总营业收入99032.8亿元，应交增值税1645.8亿元。具体见表6-11。

表6-11　2019年全国及各地区规模以上文化及相关产业法人单位基本情况

地区	法人单位数/个	资产总计/亿元	营业收入/亿元	应交增值税/亿元
全国	61232	137053.8	99032.8	1645.8
北京	4831	19020.3	12997.3	180.1
天津	883	2497.6	1944.7	28.3
河北	1432	2279.3	960.4	20.0
山西	314	999.5	236.7	4.2
内蒙古	171	321.3	101.0	1.1
辽宁	724	1300.7	744.9	9.3
吉林	256	547.8	136.6	2.6
黑龙江	248	306.6	134.5	-1.9
上海	3120	11474.0	8536.7	119.9
江苏	7315	17960.1	10859.6	177.4
浙江	5134	13441.9	10427.5	209.0
安徽	2353	3730.2	2600.5	51.5
福建	3538	3363.1	5416.4	71.0
江西	1727	2059.8	2002.9	34.2
山东	2660	8386.9	5130.1	82.0
河南	2866	3053.0	2357.5	36.2
湖北	2845	5763.2	3953.3	97.7
湖南	3701	3620.8	3410.3	61.7
广东	9709	21881.9	18141.4	291.1
广西	680	812.8	675.8	12.3

续表

地区	法人单位数/个	资产总计/亿元	营业收入/亿元	应交增值税/亿元
海南	168	699.7	328.1	8.6
重庆	1045	2947.8	1665.2	29.8
四川	1867	4509.3	3608.6	74.3
贵州	625	965.0	334.4	6.7
云南	731	1414.9	725.5	16.1
西藏	34	61.4	25.3	0.5
陕西	1682	2459.5	1097.3	15.3
甘肃	198	447.4	115.9	1.3
青海	52	94.4	52.5	0.2
宁夏	72	133.3	47.1	0.8
新疆	251	500.5	264.8	4.4

6.4.2 2019年全国文化及相关产业分地区横向对比

从全国范围看，2019年文化及相关产业资产排名前十的地区分别是：广东（21881.9亿元）、北京（19020.3亿元）、江苏（17960.1亿元）、浙江（13441.9亿元）、上海（11474.0亿元）、山东（8386.9亿元）、湖北（5763.2亿元）、四川（4509.3亿元）、安徽（3730.2亿元）、湖南（3620.8亿元）。排名后三位的分别是：西藏（61.4亿元）、青海（94.4亿元）、宁夏（133.3亿元）。文化及相关产业资产最高值（广东，21881.9亿元）是最低值（西藏，61.4亿元）的356.4倍，两者之间相差21820.5亿元。

从文化及相关产业营业收入看，2019年排名前十的地区分别是：广东（18141.4亿元）、北京（12997.3亿元）、江苏（10859.6亿元）、浙江（10427.5亿元）、上海（8536.7亿元）、福建（5416.4亿元）、山东（5130.1亿元）、湖北（3953.3亿元）、四川（3608.6亿元）、湖南（3410.3亿元）。排名后三位的分别是：西藏（25.3亿元）、宁夏（47.1亿元）、青海（52.5亿元）。文化及相关产业营业收入最高值（广东，18141.4亿元）是最低值（西藏，25.3亿元）的717.1倍，两者之间相差18116.1亿元。如图6-15所示。

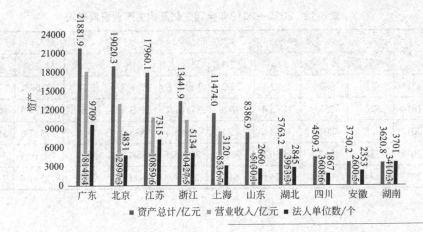

图 6-15
2019年全国文化及相关产业资产排名前十的地区主要指标

6.4.3
2015—2019年全国文化及相关产业纵向对比

2015年至2019年,全国规模以上文化及相关产业法人单位从2015年的49356.0个上升到61232.0个,五年间增加了11876个,增幅24.1%;文化产业资产总计从83902.1亿元上升到137053.8亿元,增加了53151.7亿元,增幅63.3%;营业收入从84162.7亿元上升到99032.8亿元,增加了14870.1亿元,增幅17.7%。

如图6-16所示。

从法人单位数、文化及相关产业资产总计和营业收入看,2015年至2019年全国各项指标总体趋于上升趋势。2015年全国文化及相关产业法人单位数均值为1582.1个,2019年均值达到1975.0个,五年间增加了24.8%;资产总计均值从2015年的2706.5亿元增加到2019年的4421.0亿元,上升趋势明显,五年间增加1714.5亿元,增幅63.3%;营业收入均值从2015年的2714.9亿元增加到2019年的3194.6亿元,五年间增加479.7亿元,增幅17.7%。如表6-12所示。

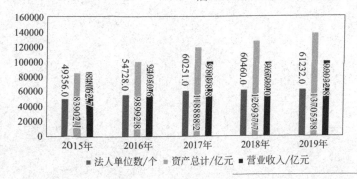

图 6-16
2015—2019年全国文化及相关产业发展概况

表6-12 2015—2019年全国文化及相关产业发展概况

年份	法人单位数/个			资产总计/亿元			营业收入/亿元		
	最小值	最大值	均值	最小值	最大值	均值	最小值	最大值	均值
2015	22	6820	1582.1	22.2	12947.5	2706.5	8.3	13708.4	2714.9
2016	22	7571	1765.4	26.8	17161.7	3193.3	8.6	15874.0	3033.9
2017	25	8060	1943.6	55.1	22695.4	3835.0	11.1	17547.0	3167.0
2018	30	9072	1950.3	43.8	20316.5	4094.8	11.5	18510.5	3122.5
2019	34	9709	1975.0	61.4	21881.9	4421.0	25.3	18141.4	3194.6

6.5 武汉市设计产业发展总体评价

6.5.1 武汉市设计产业发展总体态势良好

（1）工程设计产业优势突出

工程设计是武汉市的传统优势产业，在世界范围内也处于领先的水平。据了解，截至2016年，武汉市的工程设计企业数达到497家，从业人数达7.28万人，营业收入131.94亿美元。在文化创意产业方面，企业达2.95万家，文化创意产业园区（基地）28个，总产值已经超过千亿元。设计项目多次获得国际、国内大奖，并参与了高铁、水利等设计领域国际标准的制定和设立。

以世界"设计之都"建设为契机，武汉市工程设计产业的实力和影响力进一步提升。在高铁、桥梁、水利、化工、电力、钢铁、煤炭、公路、建筑等领域，武汉市拥有多项国内第一、全球领先的先进技术。2018年武汉市工程勘察设计行业新增企业数量达到114家，使武汉市工程勘察设计企业总数达到745家，从业人数达到8万人，营业收入约1300亿元。到了2020年，全市勘察设计行业产值迈上千亿级，总收入达1814亿元，5年翻了一番；武汉市工程设计产业联盟成员突破200家，综合甲级设计企业达到10家，近5年来新增10位全国勘察设计大师、100家创新型设计企业、万名行业高级技术人才。

在中国采购与招标网、中国名企排行网遴选发布的"2020中国工程勘察设计行业综合实力50强"榜单中，企业地址位于武汉市的有5家，分别是中铁第四勘察设计院集团有限公司（第1位）、长江勘测规划设计研究有限责任公司（第21位）、中冶南方工程技术有限公司（第22位）、中交第二公路勘察设计研究院有限公司（第29位）、中国市政工程中南设计研究总院有限公司（第38位）。

（2）设计产业与关联产业加快融合

依托武汉市在制造业、建造业的产业优势，以人才、企业、品牌、项目等设计产业发展要素为基础，设计的外延不断扩大。一方面设计产业内部各分支领域加快渗透，原有的工业设计、产品设计、视觉传达设计、环境艺术设计、动漫设计等边界被打破，实现协同创新；另一方面设计产业与传统制造

6 设计及相关产业发展实证分析

业、旅游业、互联网新兴技术产业优势互补，科技与创意进一步融合。

2021年2月，武汉市人民政府新闻办公室召开"加快打造'五个中心'，建设现代化大武汉系列"新闻发布会，提出武汉要加快打造全国经济中心、国家科技创新中心、国家商贸物流中心、国际交往中心、区域金融中心；打造"965"产业集群，其中9个支柱产业为光芯屏端网新一代信息技术、汽车制造和服务、大健康和生物技术、高端装备制造、智能建造、商贸物流、现代金融、绿色环保、文化旅游；6个新兴产业为网络安全、航空航天、空天信息、人工智能、数字创意、氢能；5个未来产业为电磁能、量子科技、超级计算、脑科学和类脑科学、深地深海深空。设计产业将进一步向人工智能、新能源汽车、生物医药、新材料等高精尖产业领域渗透，推动产业的多元化和系统化发展。武汉市经济和信息化局相关负责人表示，当前武汉市大力发展工业设计推动先进制造业和现代服务业深度融合，促进产业基础高级化、产业链现代化，全力打造光电子信息、汽车及零部件、生物医药及医疗器械三个世界级万亿产业集群，担当国家中心城市。

（3）武汉市"设计之都"的国际影响力稳步提升

武汉市与国际创意城市的交流日益密切。为加强与国内其他世界"设计之都"城市的联系，武汉市积极"走出去"，参与"全球创意城市网络"的各项交流活动，如法国圣埃蒂安设计展、格拉茨设计月、新加坡设计月、北京设计周、上海设计创意高峰论坛、苏州设计月等活动，加大与其他设计之都和创意城市的交流合作。2018年，武汉市完成了中国联合国教科文组织全国委员会下达的《中国创意城市年度报告》的编撰工作。以该项目为案例，武汉市在全球创意城市网络大会上进行发言交流。同时，武汉市还积极邀请国内创意网络城市参加武汉设计活动。

设计比赛和展览展示成为武汉设计与国际对话的重要方式。每年11月1日（武汉市成功入选设计之都的日期）的"武汉设计日"，持续多天的展览、主题多元的论坛、互动参与性强的设计实践项目，成功吸引了全球创意网络城市及设计机构、设计院校、设计师、在校大学生的广泛参与，成为武汉设计之都的靓丽名片。以创意设计为主题的竞赛活动和展览展示成为武汉设计之都建设的常规动作。

近年来，武汉市每年举办各类设计创意类赛事超过100项，"中南星奖"设计艺术大赛、"楚天杯"工业设计大赛、"黄鹤杯"工业设计大赛已成为影响全国的设计赛事品牌。从2017年开始，基于武汉市工业设计的突出优势，武汉市连续三年成功举办三届中国工业设计展览会。2020年该展览会由中国版升级为国际版，更名为"中国国际工业设计博览会"，并继续在武汉市的国际博览中心举办（图6-17）。作为中国工业设计发展的顶级盛会和高端平台，博览会设立了设计扶贫展区、防疫抗疫展区、地方特色展区、武汉创新展区和国际展区，总面积达2万平方米，吸引了28个省（区、市）、300多家知名企业、88家国家级工业设计中心参展，来自北欧、法国、德国、韩国等国外设计机构也参加了本届博览会。从大国重器到智能家居，一件件充满设计感的"黑科技"产品纷纷亮相，有力彰显了湖北工业设计名城的特色和优势。

图6-17
2020年中国国际工业设计博览会

设计院校与国际设计教育界的联系增强，形成多层次交流的模式。2018年4月11日，湖北工业大学艺术设计学院获准加入国际艺术、设计与媒体学院联盟，成为正式会员单位。国际艺术、设计与媒体学院联盟（International Association of Universities and Colleges of Art, Design and Media，简称CUMULUS）成立于1990年，是被联合国教科文组织正式确认的全球唯一的艺术、设计与媒体院校国际组织，由欧洲和世界上其他国家和地区有重要影响的设计院校组成，其宗旨是为高水平的设计艺术和设计教育提供交流与合作的平台，每年为会员单位提供教师和学生提供互访、交流和学习的机会。该组织目前拥有包括英国皇家艺术学院、美国罗德岛设计学院、中央美术学院、中国美术学院、清华大学美术学院等来自54个国家（地区）的顶尖艺术、设计与媒体成员。

2018年10月，湖北工业大学艺术设计学院与法国第戎国立高等艺术学院联合举办"2018中法城市空间与公共设施设计工作坊"作品展（图6-18），40余名国内外师生围绕现代城市生活中所面临的新问题和新挑战，利用绿色环保竹材与现代工业塑料制品为主要材料，提出新的设计构想与解决方案。

图6-18
"2018中法城市空间与公共设施设计工作坊"作品展

2019年3月28日，经过3个多月的前期准备，由湖北工业大学艺术设计学院与法国第戎国立高等艺术学院联合举办的"2019法中城市空间与公共设施设计工作坊"作品展（图6-19），在法国第戎市中心的勃艮第公爵广场启动。中法师生团队共同完成的20余件空间构造体在广场街道上集中亮相。它们采用法国本地的材料松木和瓦楞纸板制作，功能各异，有些可闲坐休憩，有些可嬉戏玩耍，有些用于放置食材和食物售卖。作品展吸引了市民、院校师生及政府官员现场观摩，搭建了中法两国高校交流活动的新地标。

图6-19
"2019法中城市空间与公共设施设计工作坊"作品展

6.5.2 武汉市设计产业发展的问题分析

虽然目前武汉市设计产业发展已取得一定成就，但在设计产业领军品牌、高层次设计人才培养、设计空间载体集聚效应等方面，与其他"设计之都"还存在较大差距。

（1）设计产业领军品牌比较缺乏

2014年7月，武汉市人民政府办公厅发布《关于实施服务业升级计划推进年活动的通知》，要求全面推进服务业升级计划，助推国家中心城市和国际化大都市建设。2015年4月，武汉市人民政府发布《武汉市首批服务业重点行业领军企业（机构）名单》，其中会展业领军企业有3个，包括尚格会展股份有限公司、武汉新城国际博览中心经营管理有限公司、武汉国际会展中心股份有限公司；动漫游戏业领军企业有7个，包括江通动画股份有限公司、海豚传媒股份有限公司等；广告业领军企业有6个，包括湖北特别关注传媒有限责任公司、湖北盛世德璐传媒有限公司等；工程设计领军企业有15个，包括中国五环工程有限公司、中铁第四勘察设计院集团有限公司、中冶南方工程技术有限公司等；软件和信息技术服务业领军企业有10个，包括烽火通信科技股份有限公司、武汉天喻信息产业股份有限公司、软通动力技术服务有限公司等。从目前发展来看，除了工程设计产业，武汉在动漫游戏设计、展示设计、环境设计等相关领域还未形成行业龙头企业，领军人才总体比较匮乏。

以会展业为例，会展一般涵盖展览、展会和学术活动，能够带动旅游、酒店等消费服务。目前全国会展业发展呈现明显分层。第一梯队以北京、上海、广州、深圳等城市为代表。北京有政治优势，上海有经济优势，广州有"广交会"❶的深厚沉淀，深圳也是行业公认的会展业比较发达的城市。第二梯队以成都、厦门、青岛等城市为代表。它们的会展业不以展览为主，而是主打会议，因为这些城市有得天独厚的旅游资源，会议结束后可以借助旅游观光作为配套支持。

武汉市地理位置好，交通便利，举办会展活动的成本比较低，地缘优势突出；酒店设施完善，旅游资源丰富，市场经济活跃，为举办会展活动提供了成熟的城市配套；武汉产业门类齐全，不乏在全国都很有影响力的产业，如光电子、食品加工、航天航空、生物制药业等；同时，武汉也拥有举办大型展览活动的场馆。比如展览面积达19万平方米的"武汉国际博览中心"，可承接国际和国内大型工业设计和产品设计展、汽车展览、文化和旅游博览会、农博会等大型活动。2020年9月开建的武汉天河国际会展中心，总建筑面积430万平方米，会展中心场馆及核心配套建筑规模120万平方米，包含90万平方米会展功能，30万平方米酒店、会议、商业等会展配套功能。但是，从目前发展看，武汉会展业与其他城市还存在较大差距。

（2）武汉高端设计人才缺口大

湖北省是教育大省，武汉市有近百所高校，目前几乎所有院校都开设有艺术设计相关专业。代表性高校如创建于1920年、办学历史悠久、专业齐全的综合类艺术院校湖北美术学院；1978年在国内理工科院校中率先创办设计学科的三所院校之一的湖北工业大学；以服装设计为特色学科，拥有全国十大知名服装学院之一的武汉纺织大学；以珠宝设计闻名的地质大学珠宝学院；等等。随着"互联网+"时代的到来，艺术设计与新媒体技术的结合趋势越来越明显，但是既拥有良好的设计专业水准，又懂技术的高端设计人才比较欠缺。学校教育与行业发展之间存在一定程度的脱节。

（3）武汉市设计空间载体集聚效应有待提升

近年来，武汉市政府通过多种措施，致力于建设各具特色、业态高端、功能集成的武汉设计之都示范园区、创意社区、创意设计小镇，希望能够形成相互衔接和配套的点、线、面结构体系，让各种类型的设计空间载体成为经济发展的新引擎、城市功能的新载体。但是，与全国其他很多城市相比，武汉现有的产业载体功能还不够健全，设计空间的集聚效应还未得到充分激发，很多创意园区的发展状况就说明了这一点。

---

❶ 中国进出口商品交易会（The China Import and Export Fair，简称"广交会"），创办于1957年4月25日，每年春秋两季在广州举办，由商务部和广东省人民政府联合主办，中国对外贸易中心承办，是中国历史最长、层次最高、规模最大、商品种类最全、到会采购商最多、分布国别地区最广、成交效果最好的综合性国际贸易盛会，被誉为"中国第一展"。

7

设计的「疫」义：新冠疫情之下的武汉设计担当

2020年新年伊始，一场突如其来的新型冠状病毒肺炎疫情暴发。1月23日，按照新冠疫情防控指挥部通告，武汉市进入"封城"时刻，公交、地铁、轮渡和长途客运停止运营，机场、火车站等离汉通道暂时关闭。1月25日，习近平总书记主持中共中央政治局常务委员会会议并发表重要讲话，发出打赢新冠疫情防控阻击战的战斗号召。

　　新冠疫情如大考，检测着社会的整体治理水平；新冠疫情更是战场，没有人能够置身事外。在这场重大的公共卫生危机事件面前，武汉市的工程设计企业积极投身防疫设施建设，以火神山、雷神山为代表的医院仅用时10天左右完成设计、施工、交付使用；来自不同领域的设计师团队和文艺工作者纷纷拿起画笔，以"艺"战"疫"，有力发挥了抗疫动员的作用，浓墨重彩地书写了"设计抗疫"的责任担当。

7.1 火神山、雷神山建设：见证工程设计的"中国速度"

2003年在抗击"非典"时，北京小汤山医院在7天内建成，随后的2个月内收治了全国七分之一的"非典"患者，工作人员未发生一例院内感染，成为国家力量抗击疫情的奇迹。事后证明，隔离空间的建立，对控制传染源起到了非常重要的作用。参照北京小汤山医院模式，在抗击新冠疫情的战斗中，武汉火神山医院、雷神山医院从概念规划到拿出设计初稿，再到建成使用，仅用了短短10多天时间，成为武汉市扭转变动局面赢得最终全面胜利的关键节点，向世界展示了"武汉设计"在抗击新冠肺炎疫情大考中迸发出的创造力。

7.1.1 火神山医院建设

2020年1月23日下午，武汉市城乡建设局紧急召集中建三局等单位举行专题会议，指出："武汉将在2月3日前建设一座'小汤山'，狙击新冠疫情蔓延！"会议要求各方参照2003年抗击"非典"期间北京小汤山医院模式，在武汉职工疗养院建设一座专门医院——火神山医院，以集中收治新型冠状病毒肺炎患者。

中信建筑设计研究总院当天在接到火神山医院的紧急设计任务后，迅速组建起60余人的项目组，当晚即投入设计工作。在接到任务5小时内完成场地平整设计图，为连夜开工争取了时间；24小时内完成方案设计图，获武汉市政府认可；经60小时连续奋战，至1月26日凌晨交付全部施工图。从1月23日22:00起，来自中建三局、武汉建工、武汉市政、汉阳市政等多家建筑设计单位以高度的社会责任感和使命感，紧急参与火神山医院建设（图7-1）。

7.1.2 雷神山医院建设

2020年1月25日，武汉市防疫指挥部举行调度会，决定在火神山医院之外，再建一所应急医院——雷神山医院。2月6日，建筑面积7.99万平方米、拥有1600张病床的雷神山医院顺利建成。雷神山医院由中南建筑设计院股份有限公司设计，中国建筑第三工程局有限公司承建。2020年2月8日，武汉雷神山医院交付使用，首批医疗队员进驻，当天晚上20:00许收治了首批患者。

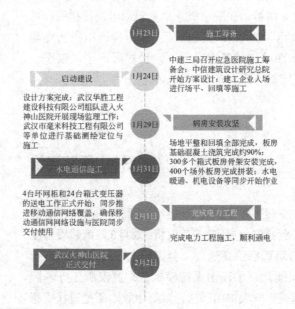

图7-1
武汉火神山医院建设时间线

雷神山医院和火神山医院都采用集装箱式活动房屋，通过工厂模块化生产，隔热防风，防震防潮，坚固耐用。最重要的是方便移动，可以灵活组合，可以在现场通过螺栓完成快速拼接。相比于传统医院建设，施工工期可以缩短40%～60%。武汉火神山医院设计图纸完成后，第一批建设者仅用16小时就完成了首栋病房楼的建设；4个工人可以在2小时内搭建一个箱式房单元。每间病房由3个集装箱组合而成，可以容纳4张床位；室内门窗、床位、照明等设施在出厂时已配齐，可立即使用；在空间设计方面，患者和医护人员通道有效隔离；医院污水采用二级消毒，接触消毒4小时后排入城市污水管网。场地采用防渗膜（HDPE膜）隔离雨水下渗，雨水收集后进入调节池，加氯接触消毒30分钟后，排入城市污水系统。雨污水进入城市污水处理厂再进行处理，避免对周围环境造成影响。

新冠疫情防控期间，武汉及湖北众多设计单位和工程建设单位紧急投入火神山医院、雷神山医院及方舱医院建设，为新冠疫情防控提供了有力支援。

2020年8月19日，以火神山医院、雷神山医院建设为主题的"武汉火神山医院、武汉雷神山医院建设纪实展览"在中国建筑科技馆开展。展览分为"英雄之城""关键之举""逆行之师""磅礴之力""希望之光"五个章节。"英雄之城"系统回顾了武汉抗疫的重要节点，重温武汉人民阻击疫情的英勇历程；"关键之举"通过视频、大数据、模型等，聚焦"两山"医院建设概况；"逆行之师"着重呈现在疫情肆虐的危急关头，4万多名建设者挺身而出、无畏逆行，汇聚成抗击疫情的磅礴伟力；"磅礴之力"以丰富资料重现"两山"医院建设历程，并记录下广大医务工作者等群体的付出与坚守；"希望之光"侧重体现江城武汉由暂停转向全面重启，生产、生活秩序全面恢复的历程。纪实展览还特意从数百件"两山"医院建设实物中遴选出大量极具代表性的实物进行陈列。

2021年4月，湖北省勘察设计协会发布"2020年度湖北省勘察设计行业十件大事"。武汉火神山医院、武汉雷神山医院设计建设当选"武汉2020年度设计事件"；中信建筑设计研究总院有限公司火神山设计蓝图、中南建筑设计院股份有限公司雷神山设计蓝图被湖北省博物馆收藏；湖北省勘察设计企业积极参与编制《新型冠状病毒肺炎应急救治设施设计导则（试行）》《方舱医院设计和改建的有关技术要求》《呼吸类临时传染病医院设计导则（试行）》《旅馆建筑改造为呼吸道传染病患集中收治临时医院有关技术要求》等，为打赢疫情防控阻击战奠定了坚实的基础，具体见图7-2。

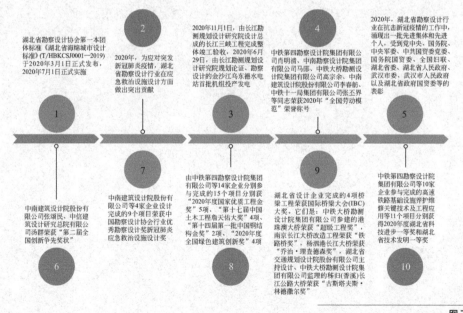

图7-2
2020年度湖北省勘察设计行业十件大事

2020年11月1日,"2020武汉设计日暨武汉设计发布盛典"举行。火神山医院、雷神山医院是当之无愧的焦点,获授"2020年中国勘察设计协会行业优秀勘察设计奖·新冠肺炎应急救治设施特别设计奖新建项目"一等奖,这也是中国勘察设计协会首次为武汉的设计建设者特别颁发的至高荣誉。此外"两山"医院还揽得"年度设计事件",武汉火神山医院总设计师汤群当选"武汉设计年度人物"。

7.2 "战疫情,武汉能!"主题创作征集全面展开

7.2.1 全国关于抗疫主题创作的征集活动概况

（1）中国美术家协会发起活动倡议

2020年1月28日,中国美术家协会向全国艺术界和艺术家发出"众志成城、抗击疫情——美术家在行动"的活动倡议,号召广大美术家和美术工作者认真贯彻落实习近平总书记重要讲话、重要指示精神,拿起画笔,宣传防护知识,讴歌战斗在疫区前线的最美中国人,为时代画像、为时代立传、为时代明德,同全国人民一起,在党中央的坚强领导下,心手相牵,众志成城,为夺取防控疫情的最后胜利贡献力量!

（2）抗疫主题创作征集在全国铺开

在中国美术家协会的活动号召下,民盟中央宣传委员会、工业和信息化部工业文化发展中心、武汉设计产业促进中心、湖北省包装联合会设计委员会、上海设计周、辽宁省广告协会、深圳插画协会等机构迅速响应,以"抗击疫情"为主题的海报和插画征集活动在全国范围内全面铺开。

据不完全统计,自2020年1月以来,全国艺术设计界以"抗击疫情"为主题,发起的主要征集活动如表7-1所示。

表7-1 2020年全国艺术设计界抗击疫情主题征集活动

发起时间	征集活动	主要发起单位
2020-01-28	"众志成城、抗击疫情——美术家在行动"征稿	中国美术家协会
2020-01-30	科学、同心、生命——"我们在一起"2020抗击"新型冠状病毒"全球招贴设计公益征集活动	由民盟中央宣传委员会、工业和信息化部工业文化发展中心、民盟北京市委文化委员会为支持单位,北京设计学会、北京国际设计周有限公司、创意中国设计联盟、长江经济带创新设计产业联盟、中国创新设计产业战略联盟设计教育工作委员会、湖北省包装联合会设计委员会等150余家设计机构
2020-01-31	"战疫情,武汉能!"2020抗击"新冠肺炎"公益宣传设计全球征集活动	武汉设计产业促进中心、湖北省包装联合会设计委员会、武汉市工业设计行业协会联合北京设计学会、创意中国设计联盟、Hiiibrand（嗨！品牌）、武汉若朴空间艺术中心等

续表

发起时间	征集活动	主要发起单位
2020-02-01	设计攻"毒"，以爱除"疫"——"2020，非常设计"线上公益活动 团结就是力量——2020抗击"新型冠状病毒"国际公益海报设计邀请展	上海设计周联合各大高校、企业、品牌、媒体、公益机构和社会组织等50家单位 辽宁省广告协会、奉天设计师沙龙FDS联合中国设计师沙龙CDS、新浪辽宁、唐道广告、惟道品牌设计、北方传媒等
2020-02-02	"我们都是一家人！"2020抗击"新型冠状病毒"公益海报设计征集活动	X-PLUS新疆设计力量沙龙、新疆美术家协会设计艺术委员会联合中国设计师沙龙CDS、新疆兵团美术家协会设计艺术委员会（筹）、新疆当代美术馆、新疆左边右边书店等
2020-02-04	第十二届全国大学生广告艺术大赛战"疫"公益命题	全国大学生广告艺术大赛组委会联合中国网络视听节目服务协会
2020-02-04	与爱同行·抗击病毒——2020年全国"战疫"海报设计大赛	北京中外视觉艺术院、鲁能·四川福宝美术馆联合成都鲁能置业有限公司、中共成华区委宣传部疫情防控专项工作组、成都市成华区文学艺术界联合会等
2020-02-04	城市的温度（万众一心、共克时艰）——2020抗击"新型冠状病毒"公益海报邀请展作品征集	浙江省美术家协会、嘉兴市美术家协会、嘉兴市文化馆、嘉兴美术馆
2020-02-07	"豫你同行"抗击"新冠肺炎"公益海报设计征集展	郑州市平面艺术设计协会、大河美术、新乡设计师协会、许昌市平面艺术设计协会共同发起
2020-02-09	呼吸·共生——2020全球抗击疫情国际平面设计展征集作品	新青年设计师联盟、合肥平面设计联盟、安徽新闻出版职业技术学院艺术设计系
2020-03-26	"2020大爱无疆——湖北武汉（籍）抗击疫情主题优秀作品展览"征集活动	湖北省包装联合会设计委员会、创意中国设计联盟、北京设计学会联合中国包装联合会设计委员、北京设计学会视觉设计专业委员会、韩国设计学会、台湾海报设计协会、澳门设计师协会、深圳平面设计协会等共同发起

7.2.2 "战疫情，武汉能！"2020抗击"新冠肺炎"公益宣传设计全球征集活动幕后

在经历了最初的恐慌和焦虑之后，湖北省包装联合会设计委员会迅速决定，

要面向全社会发起抗击疫情公益宣传设计征集活动，号召大家拿起手中的画笔、相机和手机，记录疫情防控的感人事迹，传播众志成城的民族精神。

（1）全球征集活动标志及海报出炉

2020年1月31日，"战疫情，武汉能！"2020抗击"新冠肺炎"公益宣传设计全球征集活动正式在湖北省包装联合会设计委员会官网、官方微博和微信公众平台上线发布，并得到各大媒体和平台转载，短短5小时内，累计浏览量破2万。活动标识及海报如图7-3所示。

（2）全球征集活动获得广泛响应

活动得到了北京工业设计促进会、中国设计师沙龙、深圳市插画协会、郑州市平面艺术设计协会、奉天设计师沙龙、安徽省平面设计协会、中国女设计师沙龙、X-PLUS新疆设计力量沙龙、许昌市平面艺术设计协会等行业协会的大力支持，武汉市少年儿童图书馆、湖北文化创意产业化设计研究中心、武汉大学城市设计学院、武汉大学印刷与包装学院、武汉理工大学艺术与设计学院、湖北美术学院设计系、湖北工业大学艺术设计学院、武汉纺织大学艺术与设计学院、江汉大学设计学院、湖北第二师范学院艺术学院、武汉设计工程学院艺术设计学院、武汉工商学院艺术与设计学院、武昌理工学院艺术设计学院等机构和院校共同推动，长江日报、武汉电视台、《湖南包装》杂志社等全程跟进报道。

"战疫情，武汉能！"2020抗击"新冠肺炎"公益宣传设计全球征集活动发起以后，中国的13座联合国教科文组织创意城市，以及美国、日本、韩国、波兰、巴西、墨西哥、阿富汗、塞尔维亚等国的创意城市纷纷提交了作品。28天时间里，组委会共收到来自海内外的各类作品7600余幅。其中海报类作品5400余幅、插画类1200余幅、儿童画490余幅（最小作者只有4岁）、影像类作品170多件；其他类别130余件，参与投稿设计师超过6200人次。如图7-4、图7-5所示。

图7-3　"战疫情，武汉能！"2020抗击"新冠肺炎"公益宣传设计全球征集活动标识及海报宣传

图 7-4
"战疫情,武汉能!" 2020 抗击"新冠肺炎"公益宣传设计全球征集活动签名

图 7-5
"战疫情,武汉能!" 2020 抗击"新冠肺炎"公益宣传设计全球征集活动部分作品

7.3 以"艺"战"疫":插画设计建构英雄城市

所谓国家认同,也就是公民确认自己的国民身份,认可所属国家及其政权合法性,并自觉维护国家利益的主体意识,它是现代国家赖以维持和发展的重要前提和保障。国家认同感是可以培育和建构的。国内政治学者吴玉军从制度、文化、民族等不同层面建构国家认同感,认为政治(制度)认同、文化认同和民族认同构成了国家认同不可或缺的三个基本维度。抗疫插画正是通过形象生动的视觉语言勾勒了"大国战疫"的速度和担当,以富有深厚积淀的文化意象激活了人们心中的民族和家国情感,进而实现万众一心、共同抗疫的价值、情感和行为认同。

在各种主题征集活动的号召下,全国各大设计协会、设计院校、设计机构的设计师,以画为枪,以"艺"战"疫",将抗疫插画创作推向了一个新高潮。参与插画创作的不仅有中央美术学院、中国美术学院等学院派教授,也有广东省动漫艺术家协会副主席林帝浣这样的网络当红漫画家,还有大量新生代的在校大学生。他们用不同的表现手法传播疫情防控战役中涌现出的正能量和时代精神,为构建新冠疫情防控期间的国家认同独辟蹊径。

7.3.1 "大国抗疫"的政治视像建构

每个社会成员都生活在特定的政治环境和政治制度中,这意味着他必然要产生与现存政治系统的各种政治关系,这种关系实际上构成了主体全部社会关系体系的核心,深刻地影响着主体个体和社会整体的发展。抗疫插画充分反映了为人民执政的中国特色社会主义制度的鲜明底色,以及集中力量办大事的制度优势。

(1)以插画再现万众一心、抗击疫情的社会图景

艺术家通过画笔,以火神山医院、雷神山医院、方舱医院等各类应急医院的迅速建起为素材,刻画国家以人民为中心,全力做好救治工作的决心和举措。两大医院的迅速建起成为"中国速度"的最好例证。贾艺鹏的《致敬中国速度的基建狂

魔们》(图7-6)和胥美琪的《中国的战疫系列1》(图7-7),都以投身医院的建设者为主体形象,向"中国速度"给予高度礼赞。还有不少插画师则尝试对火神和雷神形象进行拟人化创作,以雷霆万钧之势衬托中国抗疫的威力。比如林昕炽的《战疫》(图7-8),火神化身为拥有4只手臂、手持巨剑的威武巨神,挟裹着滚滚烈火从天而降,不怒而威;雷神则以蓝白色调为主,沉着稳重中饱含雷霆万钧之势。双神合璧,充满气势,既流露出对受难人民的关爱,希望早日降灭病毒拯救百姓,也显示了抗击疫情的决心和斗志。

图7-6
贾艺鹏《致敬中国速度的基建狂魔们》

图7-7
胥美琪《中国的战疫系列1》

图7-8
林昕炽《战疫》

(2)以插画体现一方有难、八方支援的制度优势

插画师以国家和各省(区、市)医疗队星夜驰援、医护人员和志愿者奔赴武汉、救援物资源源不断运往疫情重灾区的场景,体现一方有难、八方支援的社会主义制度优势。佘锐的《"战疫号",集结》(图7-9)以针头、火箭、全副武装集结的医护人员为意象,象征飞速发展的国家具有充分的信心和力量,定能打赢这场病毒歼灭战;王欣萍、盈盈的《疫不容缓,武汉加油》(图7-10)以客观纪实的手法,再现了医护人员及防护物资被紧急调配至武汉的画面;高中立的《基石》(图7-11)则对千万个家庭的平凡儿女给予了集体赞歌。在疫情发生之时,

医生、警察、建筑工人、快递员、环卫工人等各行各业的普通人坚守岗位，共克时艰，凝聚起众志成城的磅礴之力，有力推动了"联防联控、群防群治"的全面开展。

在控制疫情第一线的"国士无双"钟南山，戏称"火神山、雷神山、钟南山，三山齐聚克难关"，如周骏勇、陈超超《三座山，祈平安》（图7-12）；或将关注视角置于疫情中的女战士们，表现巾帼无畏、不让须眉，如林昕炽《巾帼》（图7-13）；或将笔触对准医生、警察、快递员、建筑工人等平民英雄，如宋开阳《一线英雄》（图7-14）。他们不畏艰险、勇担重任，充分体现了无私奉献的精神。

图 7-9
佘锐《"战疫号"，集结》

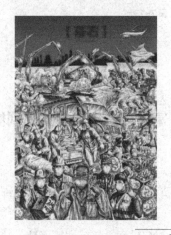

图 7-11
高中立《基石》

图 7-10
王欣萍、盈盈《疫不容缓，武汉加油》

（3）以插画勾勒"最美逆行者"的动人事迹

插画师将镜头瞄准新冠疫情中的"最美逆行者"，凸显他们的勇敢、忠诚和担当。这些插画或聚焦于84岁高龄仍战斗

图 7-12
周骏勇、陈超超《三座山，祈平安》

图 7-13
林昕炽《巾帼》

图 7-14
宋开阳《一线英雄》

7.3.2
富含传统积淀的文化视像建构

文化具有广泛的社会认同力和强大的感染力。富有深厚积淀的地域文化和民族文化不仅能够通过一种在群体成员中共享的世界观和历史命运感将人们在情感与信念上联结为一个整体，塑造出共同的身份认同，而且可以通过对政治目标和政治过程进行合理化解释，建构起政治权威。

（1）以传统文化符号激发情感共鸣

插画师在构建疫情防控期间的国家文化认同时，有意识地对十二生肖、凤鸟、黄鹤等中国和荆楚地域传统文化符号进行再创作，以激发百姓的情感共鸣。比如高彦哲的《鼠神来了，病毒消失》（图7-15）将火神、雷神、医护人员及生肖"鼠"等形象与传统门神画结合，创作了"火神鼠"和"雷神鼠"两个门神形象，与"同舟共济，众志成城""共击疾病，国泰民安"字样结合，迎合了百姓驱病毒、保平安、祈吉祥的共同愿望；王佳的《九凤战疫》（图7-16），对源自楚国的九凤神鸟进行再创作，体现万众一心、共同抗疫的决心；文月Ann的《战"疫"》（图7-17）创作了正气威猛的钟馗形象，脚踏祥云从黄鹤楼一跃而下，预示着一切妖魔病毒都终将被降伏。

（2）以民间故事弘扬社会正气

插画师还尝试通过对传统民间故事进行改编，以弘扬正气、鼓舞士气。冯思思将民间典故《钟馗捉鬼》改编为《钟馗降蝠》（图7-18），钟馗驱散病毒，体现祛祸消灾、迎福纳吉的愿望与期盼；王震坤的《鼠年第一仗》（图7-19）画了群鼠高举口罩大旗，众志成城打响"鼠年第一仗"；邓微观《一定能赢》（图7-20）则借助一位武林高手正施展中国功夫，向病毒重拳出击，传递"一定能赢"的坚定信念。

图 7-15
高彦哲《鼠神来了，病毒消失》

图 7-16
王佳《九凤战疫》

图 7-17
文月 Ann《战"疫"》

图 7-18
冯思思《钟馗降蝠》

图 7-19
王震坤《鼠年第一仗》

图 7-20
邓微观《一定能赢》

7.3.3 万众一心的民族视像建构

国民对国家的认识和情感取向不会凭空产生，往往需要一定的触媒。在抗疫插画创作中，最为常见的便是征用根植于人民集体记忆的民族地标性符号，以及象征现代国家主权的符号，如龙、万里长征、地图、爱心等要素。它们通过特定的样式、色彩、图案和仪式，显示着民族的个性和尊严，成为抗击疫情特殊时期构建国家民族认同的有效方法。例如，陈琳的《新长城》（图7-21）描绘了医生、护士、公安民警、环卫工人齐聚黄鹤楼前，组成齐心战"疫"的硬核力量，为守护百姓和国家安全筑起最坚固的抗疫长城；Pipilai的《Wuhan We can》（图7-22）以社会各界不同身份的普通大众手拉手，围成铜墙铁壁的同心圆，暗示万众一心，抗疫必胜；黄媚以生命树为隐喻符号，象征在祖国母亲强有力的统筹之下，医护人员、公安卫士等共同携手，为千万个普通家庭筑起一道绿色的生命屏障（图7-23）；这些作品有效置入了国家和民族符号，个人与整体、地方与中央、社会与国家的内在关系得到进一步强化，团结合作的抗疫主题得到了突出而恰当的表达。

图7-21
陈琳《新长城》

图7-22
Pipilai《Wuhan We can》

图7-23
黄媚《生命树》

一代人有一代人的英雄，新冠疫情压不倒中国脊梁。抗疫插画以多维的视觉表现方式，刻画了一批为国出征、奔走在抗击疫情最前沿、不计报酬、不计代价的医务工作者、广大党员和普通群众形象。他们就是新时期的伟大英雄，他们就是中华民族的铮铮铁骨和脊梁！在伟大民族精神的鼓舞下，中国人民汇集起巨大能量，构筑了万众一心抗击疫情的严密防线。

7.3.4
多维立体的传播机制

"抗击疫情"插画的初期传播主要以自媒体传播为主，配合报纸、杂志、电视等传统媒体渠道的跟踪报道以扩大影响力。随着新冠疫情的逐步缓解，一批批插画作品开始从线上走到线下，从方舱医院走到美术馆、艺术馆，实现自媒体与传统媒体有机融合、线上展览与线下展览互为补充、社交媒体传播与方舱医院环境传播相互渗透的整合传播机制。

（1）自媒体+传统媒体形成传播合力

在各类以"抗击疫情"为主题的征集活动号召和推动下，一幅幅防疫插画作品率先在活动征集主办单位和联办单位的官方网站、官方微信号中亮相，并借助微信朋友圈的点赞和转发得到扩散。随后，这些熟悉的插画开始登陆学习强国、团中央官方公众号等平台。

据统计，"战疫情，武汉能！"2020抗击"新冠肺炎"公益宣传设计全球征集活动启动之后的28天时间内，共收到中国、波兰、塞尔维亚、美国、阿富汗、巴西、韩国、日本、墨西哥等十多个国家的设计师创作的插画作品1200余幅，这些作品在湖北省包装联合会设计委员会、深圳市插画协会、若朴空间、设计竞赛网、湖南包装等微信平台相继推送，并引发学习强国、长江日报、长江新闻网、武汉广电、《湖南包装》杂志等媒体的跟踪报道，为传播正能量、号召社会各界共同抗击疫情营造了良好的氛围。

奉天设计师沙龙微信公众号也持续对"团结就是力量——2020抗击'新型冠状病毒'国际公益海报设计邀请展"活动进行推送。截至2020年4月19日，该微信公众号累计发布活动相关纪实报道36篇，推送优秀插画作品500余幅，推介优秀设计师100余人，浏览量最高达10多万人次，引发了广泛的社会关注。

（2）线上+线下展览互为补充

受新冠疫情影响，抗疫插画的初期传播主要借助线上展览模式。"战疫情，武汉能！"2020抗击"新冠肺炎"公益宣传设计全球征集活动先后举办了3次线上展，分别是"东西南北驰援武汉""童心战'疫'童绘暖心""感恩您为湖北拼过命"。

"团结就是力量——2020抗击'新型冠状病毒'国际公益海报设计邀请展"的线上展共分4个单元：国内设计师优秀作品单元，国外设计师优秀作品单元，知名设计师专访单元，全国高校优秀学生作品单元。线上展主要在辽宁省广告协会、奉天设计师沙龙微信号、新浪辽宁等网络平台同步进行。

2020年3月以后，随着中国新冠疫情开始逐步放缓，部分城市公共文化空间恢复运行，抗疫插画的线下展览开始提上日程。3月27日，"同心战疫"宁波市抗击新冠疫情专题美术书法作品展在宁波美术馆亮相；4月9日，开封中心书城将深圳插画协会征集到的抗疫插画作品整

理打印，展开为期近两个月的公益画展"'罩'亮·城市之光——2020抗击新冠肺炎插画作品展"；4月19日，"团结就是力量——2020抗疫国际公益海报设计邀请展宁波首展"在宁波图书馆举行。线下展览特有的公众参与性和现场感，有效托举了抗疫合力，为抗疫插画的传播留下了珍贵的史料和记忆。如图7-24所示。

图7-24
"战疫情，武汉能！"公益宣传设计全球征集活动线下展览

（3）社交媒体传播+方舱医院环境传播相结合

抗疫插画在各大网络平台、微信公众号、朋友圈扩散的同时，还入驻武汉方舱医院，实现了社交媒体传播和环境传播的结合。

2020年2月3日，因新冠疫情防控需要，武汉连夜建设洪山体育馆、武汉客厅、武汉国际会展中心三处"方舱医院"，用于专门收治确诊的轻症患者。后来又陆续在汉阳、江岸、硚口、洪山等地建设多座方舱医院。2月22日，"战疫情，武汉能！"2020抗击"新冠肺炎"公益宣传设计全球征集活动主办方之一武汉设计之都建设处，收到武昌区新冠疫情防控指挥部《关于恳请提供防疫宣传支持的函》，希望能选送部分优秀作品到武昌黄鹤方舱

医院，用于方舱医院内的防疫宣传。

湖北省包装联合会设计委员会迅速组织落实，选送150件海报和绘画。2020年2月25日，"战疫情，武汉能！"公益宣传设计全球征集活动的一批作品入驻武汉黄鹤方舱医院。其中由武汉工商学院师生创作的4幅作品入选。该校艺术与设计学院副院长徐郑冰创作的两幅《武汉加油》字绘作品，将黄鹤楼、热干面、汤包等元素融入"武汉"二字，将医护人员、公安干警投身抗疫的场景融入"加油"二字，既有鲜明的地域特色，又巧妙传达了对"最美逆行者"八方驰援的礼赞；陈思睿的作品《人梯——众志成城、中国加油》中，白衣天使、解放军、公安干警、快递员、外卖员、环卫工人、志愿者等共同用爱心搭出人梯，表达了众志成城、全力打赢疫情防控阻击战的必胜信念。这些充满正能量的插画作品，既装饰了方舱医院的环境，又为医患人员加油鼓劲，对于那些正同病毒作斗争的医患人员来说，不啻一剂定心丸和强心针。如图7-25所示。

图7-25
"战疫情，武汉能！"2020抗击"新冠肺炎"公益宣传设计全球征集活动作品入驻方舱医院

设计作品张贴于黄鹤方舱医院、光谷日海方舱医院等院内，传递正能量，为患者加油鼓劲，被誉为最有意义的"设计展"。

对于抗击新冠疫情这个特殊的历史过程而言，抗疫插画提供了文字之外的另一种记录方式。同时，插画的视觉冲击力和感召力也为万众一心抗击疫情进行了广泛而深入的社会动员，更为增强国家和民族认同感、坚定中国特色社会主义道路自信起到了重要作用。固然，抗击新冠疫情是一场异常艰难的阻击战，是诸多因素合力的结果，国家认同感的建构也绝非单一形式可以独立完成。抗疫插画将艺术创作与重大危机事件联系起来，以微观个体的视觉表达融入国家和民族的宏大叙事之中，其视觉修辞和传播路径对于构建国家认同感，不啻一种积极有益的探索和尝试。

7.4 设计赋能：英雄之城浴火重生

7.4.1 新冠疫情彰显设计的责任和担当

新冠疫情防控期间，很多公益设计获得好评，产生了良好的社会反响。这也提示我们：城市的发展需要设计师的自觉，这种自觉首先是基于设计师对自身和整个社会之间连接关系的判断。

事实上，设计师的责任担当不仅表现在新型疫情发生之时。在1998年长江流域特大洪水暴发时，在2003年"非典"疫情肆虐时，在2008年汶川地震发生时，在国家和城市面临比较大的灾难的时候，设计师和设计协会都会及时站出来，用艺术工具直面困难，用设计创意勇敢发声。这些艺术作品从一出现就被赋予了神圣的使命，具有鲜明的时代特征和政治烙印。它集艺术性、评论性和社会动员性于一身，通过新奇强烈的视觉形式、个性化的情感表达和鲜明的思想诉求，去记录中国抗疫现场、刻画时代英雄、引发社会思考。这是设计师自觉意识的自然表现，更是设计师群体和协会组织责任和担当的体现。

2020年10月15日，一场由中共中央宣传部指导，中共湖北省委、湖北省人民政府主办的"人民至上、生命至上——抗击新冠肺炎疫情专题展览"在武汉客厅开幕，超过6000项展览要素静静地向人民述说着英雄的城市与英雄的人民的故事。走在这些写满了名字的旗帜、穿得皱巴巴的防护服、还在滴滴作响的ICU设备中间，参观者无不动容。武汉是英雄的城市，湖北人民、武汉人民是英雄的人民。英雄的城市和英雄的人民向我们证明了，伟大的中国人民是不可战胜的，这场新冠疫情阻击战已经让抗疫精神深深烙刻进这座城市的记忆深处。

7.4.2 疫情激发各界关注设计的"疫义"

（1）联合国教科文组织呼吁全球关注武汉疫情

武汉设计界发起的系列抗疫活动，特别是"战疫情，武汉能！"2020抗击"新冠肺炎"公益宣传设计全球征集活动获得了全球的广泛关注。2020年4月，联合国教科文组织在官网刊发新闻《武汉呼吁抗击新冠肺炎疫情》（*Wuhan's Call to Fight the COVID-19 Pandemic*）。翻译如下：

武汉呼吁抗击新冠肺炎疫情

武汉以其3500年的文化史而闻名。2017年，武汉加入了联合国教科文组织创意城市网络（UCCN），成为创意城市设计之都。韧性城市规划、高科技产业和创意产业是当地经济的重要支柱，武汉在这些方面具有极强的专业知识。

创意设计是武汉文化议程的核心。例如，盛大的"武汉设计双年展"聚焦艺术和科技的融合。武汉还成功地实施了一项规划，旨在发挥其设计潜力以改造城市，加快发展创意产业，并为经济增长提供基于文化和创新的新动力。

作为新冠疫情的主要中心，武汉已经利用其设计专门知识制定了各种创新措施，以减少病毒的传播，并加强创意城市之间的合作。

已经实施的措施之一是：2020年2月1日，武汉设计之都促进中心与湖北省包装联合会设计委员会和武汉市工业设计协会合作，发起了名为"战疫情，武汉能！"的全球呼吁。这一呼吁面向所有人，邀请感兴趣的会员单位、设计师和其他人士分享平面设计作品，以加强公众对预防措施的知识，并增强抗击新冠病毒的信心。该呼吁欢迎各种形式的设计：海报、插图、视频、儿童绘画和其他数字作品等。

中国的13座教科文组织创意城市和其他国家（阿富汗、巴西、日本、墨西哥、波兰、塞尔维亚、韩国、泰国和美国）的创意城市提交了大量作品，包括5400多张海报、1200幅插图、431幅儿童绘画、170个视频和130多件其他作品。

其中一些海报和画作已被张贴在医院和其他医疗设施中，以激励人们，并传播希望和团结。

由慈善机构、医学专家、新闻学者、教授、设计师和研究所组成的评审团将从收集到的设计作品中挑选出最好的作品。活动组织者计划为入选作品举办一场颁奖典礼和一场展览会，并将这些作品印刷出版。

（2）武汉设计战"疫"行动得到国际认可

"战疫情，武汉能！"征集活动入选《联合国教科文组织创意城市应对新冠肺炎疫情案例集》。2020年9月17日，"创意激活城市·科技创造未来——第三届联合国教科文组织创意城市峰会"在北京召开。峰会期间发布了《联合国教科文组织创意城市应对新冠肺炎疫情案例集》，包含了中、英、法三个语种，收录了44个国家、90多个城市提交的70个创意城市抗击疫情案例。"战疫情，武汉能！"2020抗击"新冠肺炎"公益宣传设计全球征集活动成功入选，入选的关键词是"团结互助、城市间合作、文化获取和参与"。联合国教科文组织总干事奥德蕾·阿祖莱在峰会致辞中称:"我要特别向联合国教科文组织创意城市'设计之都'武汉市致敬。"

抗疫期间的设计创新和突出贡献成为"2020武汉设计年度发布"的重要内容。自2019年开始,武汉将每年的11月1日,确定为"武汉设计日",目的在于与创意网络城市分享发展经验。经历过抗击新冠肺炎疫情的大战大考,2020年的"武汉设计日"被赋予了不同寻常的意义。火神山医院、雷神山医院分别获授"2020年中国勘察设计协会行业优秀勘察设计奖·新冠肺炎应急救治设施特别设计奖新建项目"一等奖。这是中国勘察设计协会首次为武汉的设计建设者特别颁发的至高荣誉。设计盛典上还一同发布了年度工程设计、年度园林景观设计、年度工业设计、年度公益广告最佳案例、年度美食设计、年度包装设计、年度设计事件、年度设计人物等,向世界展示了"武汉设计"在抗击新冠疫情大考中迸发出的创造力(表7-2)。

表7-2 2020年武汉年度设计发布榜单

序号	发布系列	成果名称
1	武汉2020年度工程设计	港珠澳大、秭归长江公路大桥、杨泗港长江大桥
2	武汉2020年度园林景观设计	武汉中华路阳台规划设计
3	武汉2020年度工业设计	VeinSight-500血管显像仪、3D打印机、水循环花园系统、环保尿不湿
4	武汉2020年度公益广告最佳案例	"战疫情,武汉能!"2020抗击"新冠肺炎"公益宣传设计全球征集活动
5	武汉2020年度美食设计	桂花味酸梅汤饮料
6	武汉2020年度包装设计	"百年珞珈"——"卷藏"系列白酒包装设计
7	武汉2020年度设计人物	武汉火神山医院总设计师汤群、武汉雷神山医院总设计师张颂民
8	武汉2020年度设计事件	武汉火神山医院、武汉雷神山医院设计建设

7.4.3 设计是为了更好地生活

(1)创意市集:设计连接百姓生活

联合国构建创意城市网络,其宗旨在于:发展创意产业,促进发达国家和发展中国家的社会经济发展以及文化发展;连接不同的社会文化社区,打造健康的城市环境。换句话来说,入选"设计之都"不仅是城市的荣誉称号,它更希望通过打造设计之都,改善民生,建设美好生活。2020年新冠疫情暴发,受疫情防控管理需要,人们有了更多的时间去思考艺术和生活的关联,去探索如何用设计手段打造更美好的生活。

2020年5月20日下午,在武汉市城乡建设局和设计之都工程设计产业联盟的大力支持下,由武汉设计之都促进中心、武汉设计产业促进中心共同主办的第一期昙华林云市集"520生活与艺术相遇"在哔哩哔哩、斗鱼同步直播（图7-26）。活动邀请New13的花艺设计师陈新、珠宝设计师范姝懋、陶瓷设计师陈君现场直播，分享他们的设计作品和创作心得，为大家开启"疫情之后，重启美好"公益活动序篇。希望借此活动，将设计师和创作者的多元设计理念和美学观点带到大众视野，安抚疫情带来的心理创伤，唤醒对美好生活的希望。

图 7-26
2020 年昙华林云市集第一期海报

第二期昙华林云市集主题为"猫公主与涂鸦君"。分享嘉宾是两个风格各异的画家：自由艺术家汉娜、涂鸦艺术家黄睿。黄睿还在很短的时间里用色彩绚丽的新锐涂鸦重新诠释了翟雅阁百年建筑风采，让大家赞叹不已。

第三期和第四期主题分别是"复苏·用理想唤醒崭新布局""我热爱的一切就是生活"。其中第三期是谈创业，分享的嘉宾有时尚生活美学的创业先锋玛拉蒂（武汉）智能家具科技有限公司的创始人黄昂、联雅生活软装馆的创始人吴玲等；第四期嘉宾是民宿设计师柳鹏、花艺师许慧、烘焙师曾艳等。

有了昙华林云市集活动为基础，武汉设计之都促进中心的关注焦点开始发生转变，从宏观的工程设计、宏大的工程项目、大型的设计机构，越来越多地转向独立设计师、小微设计师、个体设计师；从单纯的强调产业、产品和产能，转向对整个设计生态的关注；从构筑城市空间向服务市民美好生活延伸。2020年7月，"促进中心"面向社会发出招募公告，决定用5年时间，招募1000名独立设计师，直接为市民、家庭和社区提供设计创意服务，打通设计创意与百姓生活的"最后一公里"。2020年10月31日下午，武汉设计之都·独立设计师联盟正式成立，首批150名独立设计师"官宣"。"促进中心"将以"昙华林云市集"为线上载体，定期直播分享设计理念和美学观点，提升市民对设计的认知，并为消费者提供设计定制服务；线下则以翟雅阁作为平台和基地，为独立设计师提供交流展示空间。成立独立设计师联盟，将武汉的文化元素融入市民生活，其目的在于用设计力量美化百姓生活，用百姓生活的点滴改变告诉世界："武汉"，即是一个品牌（图7-27～图7-29）。

图7-27
2021年昙华林市集海报

图7-28
创意市集活动现场

图7-29
武昌昙华林艺术区

（2）创意社区：设计点亮居住环境

随着城市发展进入存量时代，如何实施城市更新行动，是适应城市发展新形势、推动城市高质量发展的必然要求。老城新生，社区是最基层的单元；创意汇集，社区也是最具活力的样本。从2017年开始，武汉市自然资源和规划局会同武昌区政府，以戈甲营、华锦社区等老旧社区为"微改造"试点，探索形成规划部门、区政府、街道、社区、居民、规划精英等多群体协商决策的规划方法。2018年至2019年，武汉市局联合各区人民政府，共同甄选了10个具有代表性的老旧社区，开展了武汉市2018年至2019年度老旧社区微改造工作。在政府主导下，武汉设计联盟优选富有情怀的优秀规划设计团队，与社区"相亲配对"，开启以社区居民共同参与为主要方式的社区"微改造"。越来越多的设计师、设计团队、设计院校开始深入街头巷尾，走街串巷，调研座谈，与社区管理委员会、老街坊、专业规划人员一起，勾勒新型社区规划，探索幸福社区建设。

① 武昌戈甲营社区改造：位于昙华林艺术区的武昌戈甲营片区，在明清时期是制造储存兵戈铠甲的一条巷子，路网结构有千年以上的历史，也是辛亥革命和南昌起义的发祥地和华中师范大学的原址。

在湖北美术学院詹旭军老师团队的主导下，社区尽量保持老房檐、木质屋梁等老建筑风格，路面恢复成原有的青石板路，黑布瓦、青砖壁与昙华林的古色古香风格相得益彰。新增建筑的屋顶改装露台，在庭院之外又扩充了户外空间。白色涂料直接抹在水泥砂浆墙壁上，粗犷的颗粒感与老街区融为一体（图7-30）。在"微改造"过程中，戈甲营社区没有腾退一户老居民，所有人都留下来，在熟悉的地方继续生活，为自己的社区出谋划策，改善老旧环境，让儿时的记忆得以留存和延续。

图 7-30
武昌戈甲营社区屋顶花园

② 汉口黎黄陂路改造：黎黄陂路位于汉口江岸区，东南到沿江大道，西北到中山大道，长604米，与两侧的兰陵路等平行。1897年，黎黄陂路所在地域划入汉口俄租界。今天，黎黄陂路两侧仍保留了大约17处租界时代遗留的欧式建筑，包括华俄道胜银行旧址、俄国巡捕房旧址、中华基督教信义大楼旧址、美国海军青年会旧址、俄租界工部局旧址、高氏医院旧址、基督教青年会、顺丰洋行、邦可花园、惠罗公司、巴公房子、首善堂和万国医院旧址等。

2016年，黎黄陂路纳入汉口历史文化风貌街区改造重点工程。经过"整旧复旧"，黎黄陂路延续了大汉口的神采与气质，成为引领生活时尚的潮流之地。鳞次栉比的欧式风格房屋、略显狭窄但充满近代风情的西式马路、随处可见的艺术画廊、富有文艺复兴时期艺术风格的艺术品、沿街一间挨一间的茶屋和咖啡厅，让这条路成为深受年轻人追捧的"慢生活"街区（图7-31）。

2019年4月，武汉市人民政府出台《武汉设计之都建设规划纲要（2018—2021年）》，明确指出：积极开展创意社区建设，推出一批改善民生、关注弱势群体、提升城市品质、吸引市民参与的设计之都建设项目。将创意社区建设与旧城改造、社区微规划、"海绵城市"建设等工作紧密结合，力争在4年内打造100个具有武汉特色的创意社区，提升城市形象，改善生活品质。入选设计之都创意社区，需要符合一定的要求，包括创建组织、公众参与、场地标准、文化特征、创意活动五方面，各占20%的权重，见表7-3。

图7-31
汉口黎黄陂路

表7-3 武汉"设计之都"创意社区评选条件

评选要素	入选标准	占比/%
创建组织	社区有创建工作专班（或领导小组），有明确的工作目标，有一定经费保障，有创建工作计划	20
公众参与	社区能通过网站、微信公众号或其他平台，积极宣传创意活动、创意社区创建工作； 每年开展不少于2次的设计活动，发动社区居民广泛参与，每次参加人数不少于200人； 组织市民积极建言，广泛参与城市管理与建设的活动	20
场地标准	社区为居民提供有固定的、与活动规模相当的场所； 有开展设计活动的硬件设施； 无障碍设施完善，开展适老化改造和3岁以下婴儿的照顾场地建设	20
文化特征	社区内有3家以上创意设计机构，从事与创意设计有关工作的设计师或与创意设计文化具有关联的人员不少于20人，并积极支持和参与创建活动； 拥有历史文化遗产或地标性建筑的社区，应重视对其保护工作； 社区重要空间具有独特城市形象和符号，有较为丰富的创意设计作品，包括雕塑、壁画、涂鸦	20
创意活动	社区广泛参与市、区各种创意主题活动，组织居民参与包括武汉设计双年展、武汉创意设计大赛、武汉创意展、创意论坛、创意沙龙、创意集市、创意年会等活动，年度参与活动不少于2次； 开展创意设计活动与社区改造相结合，优化人居环境，提升居民生活质量，并取得明显效果	20

截至2022年3月，经过专家认定评审，已经评选出高龙博古城非物质文化遗产武汉传承园、锦绣碧湖、昙华林社区等100个创意社区，对符合认定标准的社区授予"武汉设计之都创意社区"称号，并一次性奖励10万元。

（3）示范园区：助力"设计之都"焕新活力

按照《武汉"设计之都"建设规划纲要（2018—2021年）》，除了打造集公共性、艺术性、实践性于一体的创意设计街区，武汉还要着力建设一批"各具特色、业态高端、功能集成"的武汉"设计之都"示范园区，形成相互衔接和配套的"点线面"结构体系，使之成为经济发展新引擎、城市功能新载体。

以创意设计为核心和载体的武汉城市亮点工程已经启动。2020年4月，武汉市人民政府印发《武汉市亮点片区建设工作方案（2020—2021年）》，再次强调按照"精致街区一平方公里、精致街道一公里"的要求，打造一批环境优美的亮点片区，传承武汉历史与韵味，展示武汉活力与实力。计划开展7个亮点片区建设工作，分别为：江岸"历史之径"片区、江汉"百年商道"片区、硚口"汉正老街"片区、汉阳"汉阳古城"片区、武昌"武昌古城"片区、青山"红房子"片区、洪山"大学之城"片区（图7-32）。

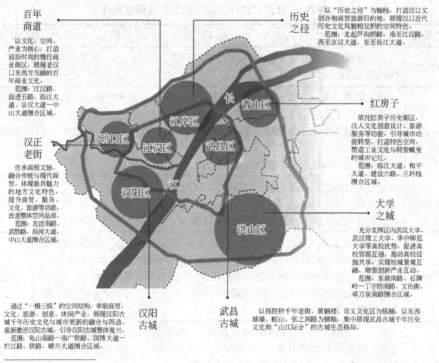

图7-32
武汉亮点片区建设规划

2022年3月，武汉"设计之都"示范园区名单正式公布。12个示范园区各获得政府奖励50万元，该奖励费用将专款专用，悉数用于各园区、社区的"设计之都"建设和促进工作，配合武汉市设计产业高质量发展的各项举措，合力建设全国重要的设计创新研发基地和具有武汉特色的"设计之都"。12个示范园区分别为：武汉创意天地、中建科技产业园（中建·光谷之星）、红T时尚创意街区、汉口平和打包厂旧址·多牛世界时尚创意产业园、昙华林设计之都产业示范园翟雅阁·武汉"设计之都"客厅、南太子湖创新谷、D+M工业设计小镇、5.5家居创意园、圈外数字创意产业园、四新路桥工程设计建造产业园、智谷文化产业园、大智无界·空中小镇创意产业园。

每个园区各有特色，体现"一园一品"。比如武汉创意天地，是一个集文化和商务为一体的综合性创意产业聚集区。园区2014年开园，涵盖创意工坊、高层办公、孵化器、加速器、创意商街、艺术家工作室等功能板块，以及合美术馆、精品酒店、剧场影院、电竞中心、健身中心等配套设施。截至2020年，已注册企业1295家，聚集了10余家上市公司，20余家高新技术企业，约50家游戏、动漫类公司。园区内企业从业人数超过10000人。

位于武汉开发区的南太子湖创新谷，规划区域面积2平方千米，建设区域面积1.2平方千米，是武汉市最早获批的两个"创谷"之一。园区主打工业风演绎时代变迁，根据工业时代演变线索，从形式与功能密切结合的需求出发，营造蕴含深厚工业历史的人文环境。自创立以来，南太子湖创新谷积极引进下一代汽车、智能制造等硬核科技项目，成为经开区创新创业高地。从2017年以来，南太子湖创新谷曾连续三次深度参与"武汉设计双年展"，在2021年第六届"武汉设计双年展"上，南太子湖创新谷作为主会场之一，将历史的厚重感与设计的时尚感相融合，满满工业风的老厂房与文化创意产品相互碰撞。行走在展馆中，那些随处可见的老厂房红砖墙、木桁架和漏斗结构，成为百年汉阳铁厂变身城市"文创客厅"的最好见证。用设计点亮生活，用创意激活城市。武汉，正在重生。

8

共生的设计：设计驱动城市创新发展的理想图景

设计产业作为生产服务性产业,与第一产业、第二产业有着深刻关联。它需要以城市的文化、资源、技术、空间、产业、消费者等要素为依托,同时对城市的文化面貌、资源利用、技术融合、空间形态、产业体系、消费模式有着潜移默化的影响。城市的人口、文化、资源、技术等要素也构成了设计产业发展的重要外部因素,对设计产业有着重要的限定影响。因此,设计与城市共生是城市绿色转型发展的必然选择。

本章从城市绿色转型的背景和内涵入手,分析了设计与城市共生的必然趋势;然后借用共生理论,尝试构建设计与城市融合发展的"PCRTSI"共生系统模型,并对建构"PCRTSI"共生系统的具体策略进行了探索,提出了相应的对策建议。

8.1 设计与城市共生：城市绿色转型的必然选择

8.1.1 和谐共生：城市绿色转型的核心机制

（1）绿色转型是我国城市化发展的趋势

我国的工业化和城市化起步较晚。改革开放以来，随着城市化进程的推进，我国城市人口数量剧增，城市化发展呈现出鲜明的中国特色。顾朝林等认为在1949年新中国成立以后，我国城市化进程出现了两个大的转折点：一个是改革开放，另一个是20世纪90年代。特别是改革开放以后的20年间，中国城市化实现了持续增长。城市化发展的区域重点发生转移：东部快于中西部，南方快于北方；小城市在城市体系中的地位提高，大城市人口的实际增长率大幅度回升；城市适度走向国际化；城市内部的社会分化在扩大。诺贝尔经济学奖获得者约瑟夫·斯蒂格利茨（Joseph Eugene Stiglitz）甚至将中国的城市化和美国的高科技，并列为影响21世纪人类发展进程的两大关键因素。

需要指出的是，在过去的几十年间，我国的城市化发展虽然取得了巨大成就，但是这种发展却是以资源环境为代价的不可持续的模式。在城市扩张的同时，自然资源和能源惨遭破坏，资源短缺问题和环境污染形势严峻。我国的林地、草地面积均远低于世界平均水平；煤炭人均占有约占世界平均水平的2/3，矿产资源约为世界平均水平的一半，而人均石油占有量仅为世界平均水平的1/6。若要实现社会经济可持续发展的目标，亟须转变发展模式，向可持续化、绿色化转型，达到经济发展与生态保护的相互协调。

党的十八大以来，习近平总书记从治国理政和民族复兴的角度出发，多次对城市发展的绿色转型作出重要论述。2018年5月，习近平在全国生态环境保护大会上发表讲话，指出绿色发展是新发展理念的重要组成部分，要改变传统的"大量生产、大量消耗、大量排放"的生产模式和消费模式，使资源、生产、消费等要素相匹配相适应，实现经济社会发展和生态环境保护协调统一、人与自然和谐共处。2020年10月29日，在党的十九届五中全会上，习近平进一步指出，"十四五"时期要坚定不移贯彻创新、协调、绿色、开放、共享的新发展理念，生态文明建设实现新进步，到2035年广泛形成绿色生产生活方式，碳排放达峰后稳中有降，生态环境根本好转，美丽中国建设目标基本实现。由此可见，绿色转型发展是我国城市化发展的趋势，也是未来我国经济社会发展的重要目标和实践任务。

（2）和谐共生是城市绿色转型的核心机制

城市绿色转型的发展目标不再是单纯的经济增长和规模扩张，而是生态绩效的提升。生态绩效（ecological performance）是生物在一定环境下生存和发展状态的效果体现，它通过生物彼此生存关系而构建并受其影响，决定生态系统未来发展的优劣。城市发展的生态绩效量化可用如下公式：生态绩效=经济社会福利/自然资本消耗。

由于自然资源总量是有限的，所以提高城市生态绩效的着力点就是调整产业结构、优化城市建设、转变消费模式，最终实现人与环境、人与城市、城市与外部环境之间的和谐共生。

首先，人与自然环境的共生是城市绿色转型的基础。关于人与自然的关系，习近平总书记提出了许多新论断和新要求，如"人与自然是生命共同体，人类必须尊重自然、顺应自然、保护自然"。在城市发展过程中，尊重自然、尊重客观规律，自然环境也会朝着对人类社会可持续发展的有利方向发展；忽视自然、过度开发自然资源，最终会伤及人类自身。如习近平总书记在《在纪念马克思诞辰200周年大会上的讲话》中所言："自然物构成人类生存的自然条件，人类在同自然的互动中生产、生活、发展，人类善待自然，自然也会馈赠人类，但'如果说人靠科学和创造性天才征服了自然力，那么自然力也对人进行报复'。"

其次，人与城市的共生是城市实现绿色转型的核心。人是城市的主体，也是城市发展的最终目标指向，我们谈论绿色发展，正如谈论创新、开放、协调、共享发展一样，一刻也不能撇开人这一发展主体。城市绿色转型发展需要坚持以人为本，充分考虑人民对美好生活的向往、对优良环境的期待、对子孙后代的责任，探索保护环境和发展经济、创造就业、消除贫困的协同增效，在绿色转型过程中努力实现社会公平正义，增加各国人民获得感、幸福感、安全感。同时，充分发挥人的主观能动性，激发市民参与城市建设的积极性。只有坚持以人为本，才能在"人口—资源—城市"之间形成互相依存、互相促进的良性循环，最终建成生态文明的社会。

最后，城市与外部环境的共生是城市绿色转型的推力。随着全球经济一体化时代的来临，城市与城市之间的交流日益频繁。从本质来讲，城市作为人类各种活动的聚集场所，是一个具有典型开放特征的能量交换场域。它通过物质和信息的高速流动，与其他城市和周边区域发生信息沟通，实现能量交换，产生吸引和辐射作用。当前人类社会正处于大变革、大调整时期，世界多极化、经济全球化深入发展，社会信息化、文化多样化持续推进，新一轮科技革命和产业革命正在孕育成长。在这种背景下,城市与城市之间的相互依存关系将更加密切,合作、发展、共赢的时代潮流将更加强劲。每个城市必须要以包容的战略眼光、开放的胸怀气度,加强城市内部经济、文化、产业等不同子系统之间的联系,同时也要密切与其他城市之间的交流和协同,实现资源、技术等生产要素的共享,形成城市绿色转型的外部合力。

考能力和创新思维,在整个设计系统中居于最核心的主体地位。具体来说,设计师可以分为三类:一是创意类设计师,如服装设计师、建筑设计师、民间艺术家、手工艺人,他们是创意内容的提供者;二是策划类设计师,如设计文案、策划总监等;三是管理类设计师,包括公司项目经理、项目流程管理等。总体而言,设计师是从事"创造有意义的新形式"工作的阶层,隶属于美国城市学者理查德·佛罗里达(Richard Florida)所提出的"创意阶层"范畴,在个人属性、工作属性、消费属性、区位取向等方面具有明显的特征,如表8-1所示。

8.1.2 与城共生:设计产业发展的必然选择

(1)设计产业发展是一个多元主体协同的过程

设计产业的发展存在多元主体要素(图8-1)。设计师、设计企业、行业协会、政府部门、教育机构、科研院所等不同主体相互合作、协调运行,构成了一种特殊的共生关系。

① 设计师:是设计创意的发生主体,他们大多数接受过系统专业的设计训练,熟悉设计流程,掌握设计方法,具有独立思

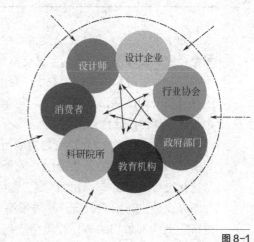

图 8-1
设计产业的主体要素

表8-1 创意设计阶层的属性特征

维度	属性	具体描述
个人属性特征	创意能力	具有创意和创造力
	教育背景	受教育水平普遍较高
	价值取向	尊重个性,崇尚竞争与实力; 喜欢开放与多样的城市社会环境; 具有修订规则、发现表面离散事件间内在联系的能力; 注重自我价值的实现和自我认同

续表

维度	属性	具体描述
工作属性特征	工作偏好	主要以团队形式进行创作，以集体互动和空间集案实现
	职业追求	注重工作的价值和弹性，不仅关心薪酬，还特别重视工作的意义、灵活性和安定性；注重同事的尊重；注重技术要素以及企业所在城市的环境氛围
消费属性特征	消费多元性	崇尚多样性的文化消费
	消费体验性	注重参与式体验消费
区位取向特征	人才环境要求	创意人才聚集
	技术环境要求	高科技产业发达
	社会文化氛围要求	城市工作与生活环境开放、包容，文化设施丰富，生活便利

② 设计企业：设计企业是市场经济活动的主要参与者，是为客户解决设计问题、提供设计服务的机构，具有商业与艺术双重属性。按照组织形式，设计企业可以分为小微个体企业、中小型企业以及大型集团公司；按照行业类别，设计企业可以分为产品设计企业、建筑与环境设计企业、视觉传达设计（平面设计）企业以及其他设计企业。

③ 行业协会：行业协会是由同行业企业和事业单位自愿结合而成立的民间组织。1997年国家经贸委推出《关于选择若干城市进行行业协会试点的方案》，对行业协会的职能作了明确界定，包括制定《行规行约》，建立行业自律性机制；对新办企业进行前期调研，并签署论证意见；参与制订和修改本行业各类标准；进行行业内部价格协调；收集整理行业统计资料，为政府制定产业政策提供依据；对行业重大项目进行前期论证并参与责任监督；等等。日本、美国工业行业协会组织机构发育较完善，已成为社会经济结构中的重要组成部分。在我国，围绕设计产业发展所形成的各级各类的行业协会，成为不同企业之间、企业与政府之间、企业与高校之间的重要桥梁和纽带。

④ 政府部门：设计产业发展离不开政府职能部门的管理、协调和扶持。一是制定产业发展规划和战略，配置社会资源，协调产业管理体制和机制，解决产业发展过程中的问题；二是为产业发展提供智力扶持，提供技术培训，展开讲座交流，搭建产业交流平台，推动设计产业人才培养和产、学、研的协同发展；三是提供政府采购信息，采买创意作品和服务，推动产业发展；四是提供税法与知识产权等相关服务保障措施，完善知识产权交易制度，提供金融信贷和基金扶

持。任何一个产业的发展，除了依靠市场发挥资源配置的基础性作用外，政府职能作用的发挥也至关重要。我国设计产业发展起步较晚，更需要强化政府职能，制定符合国情及产业现状的战略规划和法规政策，促进创意要素和创意成果在统一市场中合理流动。

⑤ 教育机构：与设计产业发展密切的教育机构就是艺术设计类高等院校。中央美术学院许平教授对我国设计院校发展有过持续跟踪。据统计，目前我国共有1928所院校开办了设计专业，这些高等院校不仅有专业的美术院校，也有综合类大学及工科院校。在这1928所院校中，共有8800多个专业，排在第一位的是环境艺术，有1400多所院校开设了此专业；第二是视觉传达艺术，有900多所院校开设了此专业；工业设计排第三，有约600所院校开设了此专业。从全球范围看，中国设计教育的规模和体量都是非常壮观的。在全球设计产业蓬勃发展的今天，设计教育的使命已经发生了很大的变化，设计教育正经历着前所未有的转型。怎样正确对待传统，怎样吸收西方现代的东西，怎样确定自己的方位和努力方向，并在学校里潜移默化地教给学生，直接决定着设计产业可持续发展的潜力和趋势。

⑥ 科研院所：科研院所是科研创新的主体，也是高新技术研发的核心力量，加快产业化发展是利用科技优势带动国民经济快速发展的客观需要。设计产业相关的科研院所就是各类设计院，包括勘察设计院、建筑设计院、景观规划设计院等。知名信息咨询公司RCC瑞达恒曾连续10年对中国工程行业设计院进行跟踪，评选

年度中国十大建筑设计院。2020年中国十大建筑设计院名单如表8-2所示。

表8-2　2020中国十大建筑设计院

序号	单位名称
1	北京市建筑设计研究院有限公司
2	机械工业第六设计研究院有限公司
3	上海现代建筑设计（集团）有限公司
4	天津市建筑设计院
5	同济大学建筑设计研究院（集团）有限公司
6	中国建筑设计研究院有限公司
7	中国建筑西北设计研究院有限公司
8	中国建筑西南设计研究院有限公司
9	中机中联工程有限公司
10	中煤科工集团重庆设计研究院有限公司

⑦ 消费者：设计是为人创造一种最优化方式的过程。人是主导因素；"使用"是指人的行为过程；"方式"是人类文明、文化的具体化；"合理"是审美标准。由此可以看出，消费者是设计的起点，也是设计的核心和目标所在。随着技术的发展，产品和服务更新换代，用户消费结构、内容和形式都发生了深刻改变。在产品设计和信息服务中，必须充分考虑消费者心理需求和用户体验，才能赢得市场，拥有持续发展的动力。

按照马斯洛的需求层次理论，人只有在满足了最低层次的生存需求后，才会将注意力转移到更高层次的安全需要、情感和归属地需要、尊重的需要以及自我实现的需要。对于产品设计及信息服务而言，消费者同样存在功能层、技术层、美学层

三个层次的需求，由此形成了不同的功能体验、技术体验和美学体验，具体如表8-3所示。

表8-3 消费者需求体验层级

层级	属性	具体描述
功能层	可用性	系统或产品可供用户获取和使用的属性
	有用性	系统或产品对用户来说具有价值的属性
技术层	省时	系统或产品能使用户快速完成任务的属性
	省力	系统或产品对用户来说操作简单的属性
	省钱	系统或产品对用户来说花费较少的属性
美学层	好看	系统或产品能给用户带来视觉享受的属性
	好听	系统或产品能给用户带来听觉享受的属性
	好感	系统或产品能满足用户心理需求的属性

（2）设计产业发展离不开城市的场域支持

设计产业发展需要以城市外部环境作为支撑。特定城市的政治（political）、经济（economic）、社会（social）和技术（technological）构成了设计产业发展的重要四大外部因素，简称PEST，如图8-2所示。

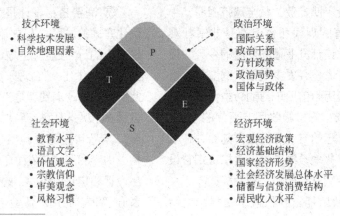

图8-2
设计产业发展的环境要素

① 政治环境：设计产业发展的政治环境要素主要包括国际关系、政治干预、方针政策、政治局势、国体与政体分析等。特别是国家和省市政府的宏观发展战略和政策导向，对设计产业的发展起着至关重要的影响。例如2017年，文化部印发的《关于推动数字文化产业创新发展的指导意见》，在全社会形成了推动数

字文化产业创新发展的良好氛围，引导和促进了数字文化产业发展；2020年，文化和旅游部再次发布《关于推动数字文化产业高质量发展的意见》，勾画了数字文化创意产业的新一轮发展蓝图，从促进优秀文化资源数字化、培育云演艺业态、丰富云展览业态、发展沉浸式业态、提升数字文化装备实力等方面，明确新型业态培育的主要措施和重点领域，引导业界对新兴领域开拓创新，让创新潜力充分涌流，形成更多新增长点、增长极。文化产业高质量发展的宏伟蓝图呼之欲出。

② 经济环境：设计产业发展的经济环境要素主要包括宏观经济政策、经济基础结构、国家经济形势、社会经济发展总体水平、储蓄与信贷消费结构、居民收入水平等。它们从不同程度影响着设计产业的发展形态和格局。一般来说，社会经济发展水平越高，设计产业的发展程度就越高，对其他领域的渗透也越深入。目前我国提出要力争用10年左右的时间建成世界轻工强国。这意味着设计产业与相关产业的融合程度将进一步加大，要增强供给适应需求的能力，以满足人民美好生活需要为出发点，增加智能化、健康化、定制化、时尚化的中高端产品，形成需求牵引供给、供给创造需求的更高水平、更高层次的轻工生产供给体系，全面推动中国轻工业走进新格局、高质量发展的新时代。

③ 社会环境：设计产业发展的社会环境要素主要包括社会教育水平、语言文字、价值观念、宗教信仰、审美观念、风俗习惯等。特别是随着生活水平的提高和经济条件的改善，人们的审美观念和消费习惯也开始发生变化。有专家指出，当前我国消费品市场供给充裕、品类丰富，居民的消费需求已从过去的"有就可以"，转向对高品质产品的追求，从实物消费转向实物消费与服务消费并重；而且，随着交通等基础设施条件的改善以及农民收入的增长，农村消费市场的增长空间也得到极大提升。2018年9月，中共中央、国务院发布《关于完善促进消费体制机制，进一步激发居民消费潜力的若干意见》，要求围绕居民吃穿用住行和服务消费升级方向，突破深层次体制机制障碍，适应居民分层次多样性消费需求，保证基本消费经济、实惠、安全，培育中高端消费市场，形成若干发展势头良好、带动力强的消费新增长点。大众是引领设计消费潮流的主要力量，为推动设计产业化发展提供了强劲动力。

④ 技术环境：技术是设计发展的重要保障。缺乏技术支撑，即使再高明的设计师也难以造就功能优良的产品。同时，技术也是提升设计作品艺术表现力的重要手段，它从造型、结构、装饰等方面影响着设计风格的形成。特别是在现代设计发展的历程中，新技术的介入不仅带来了新造型、新结构和新功能，而且拓展了新的视觉形式，影响了人们的审美价值观念以及对设计的价值评判。特别是互联网信息时代，人工智能、大数据等技术手段推动了各种资源的整合，必然会引发人们的生活情趣、生活方式和生活态度的重大变化。当用户已经习惯了用互联网思维去解决生活和工作问题的时候，设计产业也必须在思维方式、产业形态和发展模式实现相应的转变。这些既是技术革新对设计产业发展提出的挑战，也为设计产业带来了

新的机遇和发展空间。

依据共生理论，环境对共生体的影响存在三种类型：正向作用、负向作用、中性作用。由此，共生体赖以生存和发展的环境也可分为正向环境、负向环境和中性环境。正向环境对设计产业发展起激励影响。例如国家大力推动设计产业发展，出台系列鼓励措施，完善知识产权保护法等相关法律体系，能够对设计产业共生体的建立和发展起到积极推动作用，产业发展呈现明显上扬势头。中性环境对设计共生体发展既无推动作用，也无明显副作用，整个产业发展可能处于一个不温不火的状态。负向环境对设计共生体会起明显的消极影响。比如社会文化断层、风险频发、创意意识和服务意识淡漠、经济发展乏力、交通不便等，都会严重抑制人们的消费欲望，阻碍创意成果的形成与转化。与此同时，共生体与共生环境之间相互交换物质、能量和信息，形成不同的共生关系，也会影响共生环境的变化。如表8-4所示。

表8-4 共生体与共生环境之间的相互作用

共生环境\共生体	正向	中性	负向
正向	双向激励	环境激励	共生体反抗环境激励
中性	共生体激励	激励中性	共生体反抗
负向	环境反抗共生体激励	环境反抗共生体激励	双向反抗

布尔迪厄的"场域"概念很适用于解读共生环境对于设计产业共生体的影响。所谓"场域"，是位置之间客观关系的网络或构型，这些位置在客观上是由它们在不同类型的权力（或资本）的分配结构中实际或潜在的处境，以及它们与其他位置的客观关系（支配、服从、类似等）所决定的，而拥有权力或资本，则意味着可以获取场域中利害攸关的特定利润。政治、经济、文化、技术等外部因素相互交织，构成一个具有一定向心力的信息流动空间，它既包含了一定可感知的场所，又包含着由惯习引导的社会空间，以及显现或潜在地影响着场域形成和结构的各种长久或短时的社会因素，成为设计产业发展的独特场域。

8.2 设计与城市共生的PCRTSI系统建构

8.2.1 设计与城市共生的条件分析

按照共生理论,共生关系的产生需要一系列的条件。具体而言,有共生的必要条件、充分条件、均衡条件和稳定条件。

(1) 设计与城市共生的必要条件

共生的必要条件主要有二:一是共生单元间的物质能量能够相互交换、兼容发展;二是共生单元间至少可以生成一个共生界面,且共生单元能够在共生界面内自由活动。

设计产业发展是一个包括经济、社会、文化、生态、环境和地域的复杂共生系统,其共生界面即为设计产业与外围环境、上下游企业以及与相关产业的融合发展机制的总和,具体可分为内部界面和外部界面两种。其中,内部界面是设计产业共生单元业务模块之间的接触机制,主要包括通用技术标准、原创设计成果、评价体系、先进技术设备、教育培训资源等,其开放程度随着业务范畴的扩大及专业度的提高而增加。外部界面是设计共生单元主体之间的接触机制,主要包括设计基础设施、政策机制、市场环境、人才教育和培养环境等,如表8-5所示。内部界面、外部界面、基础性界面和功能性界面相互联系、相互制约,彼此之间只有共同协作,才能为设计产业发展提供源源不断的动力。

表8-5 设计产业发展的共生界面分类

共生界面	内部界面	外部界面
基础性界面	办公场所 办公用品 设计软件等	城市区位条件 制造业及高新技术产业发展状况 城市文化资源 城市交通条件 大学与科研机构数量及规模 设计产业园区数量及规模 设计展馆、艺术馆数量及利用率
功能性界面	通用技术标准 原创设计成果 评价体系 先进技术设备 合作机制 人力资源 企业研发投入等	设计产业发展政策和法律法规 知识产权保护制度 设计金融扶持政策及力度 设计媒体规模及水平 设计组织(协会)规模及活跃度 设计人才教育和培养环境 设计人才吸引政策 设计氛围与设计社会认知度 设计的政、产、学、研协同度

（2）设计与城市共生的充分条件

设计与城市作为一个共生体，其发展不仅需要必要条件，还需要一定的充分条件。首先，不同的设计企业能够通过共生界面顺利实现物质、信息和能量的交流，企业不需要花费太多的交易成本实现信息和资源的共享。其次，设计企业之间通过共生界面的相互作用，可以为彼此之间带来新的利益契机，产生新的共生能量。从整体而言，创意经济时代最不可思议的地方在于，它不仅能够带来经济增长和繁荣，更能使人类的整体潜能得到更为充分的发挥，从而践行联合国《2030年可持续发展议程》，实现经济、社会、环境的可持续发展和人的全面发展。如图8-3所示。

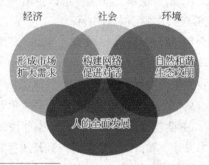

图8-3
联合国《2030年可持续发展议程》行动目标

（3）设计与城市共生的均衡条件

设计与城市共生关系的形成，还会受到地区资源状况的影响。资源的共享机制促成产业的集群和规模扩张。但是，对于任何一个共生体而言，共生单元的数量不可能无限制地增加。就企业分工协作来说，不同的项目分工和合作，对参与企业的数量也有相应数量和质量的要求。因此，设计与城市的共生发展同样需要满足一定的均衡条件。

在给定的共生维度下，共生均衡主要是密度均衡。设计产业共生发展意味着设计企业不同部门之间、企业与企业之间，以及产业上下游不同环节之间的协同关系增强，形成了一定的关系网络。建立和维护这个关系网络，需要一定的成本支出，包括内部协调费和市场交易费等。要实现共生关系的可持续，必须要在成本与收益之间寻找一个平衡点，即共生体的最优规模。图8-4中，C点为设计产业共生体的最优规模，当共生规模超过C点时，共生成本大于共生收益，将造成资源浪费和效率衰减，共生效应不能发挥。所以设计产业共生体不能任由同质化企业无限度地加入，产业链不加引导地无限度扩张，而是需要建立完善的规制，保持共生密度的均衡，营造良好的共生体运作环境。

（4）设计与城市共生的稳定条件

设计与城市共生发展的稳定条件是指：共生体单元间随着彼此了解程度的增

加及共生介质的增加，共生关系由最初的偶然、短暂合作，演变为稳定、多介质的合作。共生体单元自身专业化水平提高，市场竞争能力增强，每个单元都成为共生体必不可少的组成部分。产业集群趋势明显，协作机会频繁。与此同时，产业与受众之间的"供—需"互动呈现良好态势。为了更好地满足消费者需求，设计创新变得越来越重要。

护力度大；设计产业发展有坚实的金融支持体系，诸如专项扶持基金、税收激励、政策奖励等；设计氛围与社会认知度高，大众创新氛围浓厚，对高层次设计人才具有吸引力，使人才愿意留下来，如图8-5所示。

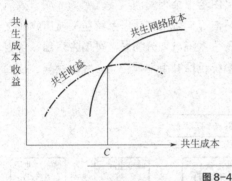

图8-4
设计产业共生网络成本与边际规模图

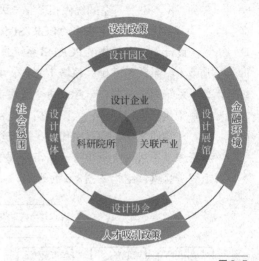

图8-5
设计产业共生条件框架图

总体来说，要实现设计产业共生发展，从共生主体层来看，需要设计企业、科研院所及关联产业之间形成良性互动关系；同时要求企业拥有良好的创新能力，在研发方面有持续的投入；区域内的设计院校和科研院所具有较高的水平和社会影响力；设计产业与关联产业有持续深入的协同。从共生环境层来看，设计产业共生发展环境优良，设计产业园区多，类型多元；设计展馆分布均衡，利用率高；设计协会和社团组织活跃，在政、产、学、研之间发挥了良好的中介和桥梁作用；设计类的媒体众多，传播效应明显。从共生支撑体系看，设计产业发展被纳入区域顶层设计范畴，上升到战略高度，知识产权保

8.2.2
设计与城市共生的PCRTSI系统模型

如前文所述，城市绿色转型发展是人通过自身所掌握的技术手段，实现城市中人与自然、人与城市、人与人相互依存、相互共生的过程。而设计产业的发展也需要发挥设计师、设计机构、设计协会等主体的主观能动性，利用设计创意满足城市中的人们对美好生活的追求，同时受到城市政治、经济、社会、技术等环境因素

的制约。因此，从共生理论角度出发，笔者认为设计与城市的共生系统是以"设计创新"和"城市转型"为目标，将城市人口（people，简称"P"）、城市文化（culture，简称"C"）、城市资源（resources，简称"R"）、城市技术（technology，简称"T"）、城市空间（space，简称"S"）、城市产业（industry，简称"I"）子系统融合在一起的PCRTSI系统。它们通过物质、信息和能量交换，形成一个有序利用、双向激励、协同演化和均衡发展的共生体，最终推动城市的文化传承、资源共享、技术融合、空间优化和产业升级，实现城市与人的全面发展。

（1）设计与城市共生的PCRTSI系统的共生单元

设计与城市共生的PCRTSI系统是一个包含诸多要素的复杂网络系统，它以城市人口系统为基础，将城市文化、城市资源、城市技术、城市空间、城市产业等子系统有机关联在一起。每个子系统又由若干个因素而组成。例如，城市人口子系统包括人口规模、人口结构、消费习惯等；城市文化子系统包括城市物质文化、非物质文化、精神文化等；城市资源子系统可划分为城市可再生资源、可更新资源、不可再生资源等；城市空间子系统包括城市地理空间、经济空间、社会空间等。具体结构如图8-6所示。

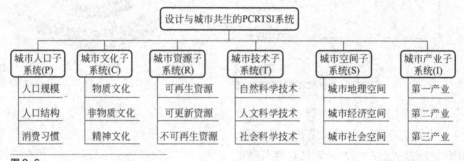

图8-6
设计与城市共生的PCRTSI系统结构图

PCRTSI系统的城市人口、城市文化、城市资源、城市技术、城市空间、城市产业各子系统是相互关联、相互影响的。其中，城市人口系统是共生的核心和主体，向其他子系统提供战略规划、政策制定、生产运行的必要人力支撑。城市人口也是PCRTSI系统的目标指向，推动各子系统相互协调，实现人的自由和全面发展。同时，人口子系统也需要其他子系统提供人口发展所需要的相关条件。例如，城市文化子系统满足人口子系统精神文明的需要；城市资源子系统为人口子系统发展提供各种有形或无形的资源；城市科技子系统推动生产力的进步，改善人类的生活方式及人类认知。另外，PCRTSI系统的各个子系统之间也存在相互制约的关系。人口数量的激增、消费需求的无度、资源的多度消耗，都将导致整个系统发展的失衡。这种纵横交错、纷繁复杂的关系构成了PCRTSI系统的网络关系图。

（2）设计与城市共生的PCRTSI系统的共生模式

按照共生理论，共生模式分为组织模式和行为模式两个维度。

共生组织模式主要分为：点共生、间歇共生、连续共生、一体化共生。点共生和间歇共生多形成于企业初创期和产业形成期，共生对象的选择具有随机性，共生单元的协作关系不稳定，利益分配呈现不均衡分布。随着市场的培育和产业的发展，共生单元间的合作频次会增加，共生能量的分配也会相对均衡，共生组织模式必然会向连续共生和一体化共生发展。

共生行为模式主要分为：寄生、偏利共生、非对称互惠共生、对称互惠共生。寄生模式属于能量的单向流动，一方收益，另一方利益受损，总体能量守恒；偏利共生模式属于单赢模式，一方获利，另一方利益没有变化；互惠共生模式下，协作的共生单元间都会产生新的能量。如果不同共生主体的能量积累存在差异，即为非对称互惠共生；如果共生单元利益分配平均，能量积累机会均等，双方共同进化，则为对称互惠共生。在对称互惠模式下，共生单元之间会结成稳定、高效的共生关系，推动共生体向一体化演进。

将PCRTSI共生系统与本书第3章提到的城市文化复兴的三种模式——装饰性复兴、旅游性复兴、产业性复兴进行比较，如表8-6所示。

表8-6　设计与城市共生模式分析

共生模式 共生结构	共生组织模式				共生行为模式			
	点共生	间歇共生	连续共生	一体化共生	寄生	偏利共生	非对称互惠共生	双称互惠共生
设计与城市装饰性共生	√				√			
设计与城市旅游性共生		√				√	√	
设计与城市产业性共生			√				√	√
设计与城市PCRTSI共生				√				√

设计与城市的装饰性共生属于设计和城市共生的初级共生体，艺术设计以博物馆、美术馆、公园、雕塑等城市文化地标建设的方式，实现对城市物理空间的局部改变，是一种偏利型、点共生的模式，其共生关系具有典型的偶发性和随机性。

设计与城市的旅游性共生主要以创意设计为核心，通过举办艺术节、文化节等活动，营造城市文化氛围，重塑城市文化空间。这种共生关系具有明显的间歇性，一般来说，活动期间城市的文化氛围和影响力可以得到显著提升；随着活动结束，很多设计形态随之隐退。另外，受活动时间和场地所限，在这种共生格局中，设计产业对城市的影响主要聚焦于小体量的日用生活品设计、文创产品设计以及视觉传达设计等领域。更宏观、更深层次的大型工业设计、建筑与环境设计在这种共生体格局中的辐射和带动作用有限。

设计与城市的产业性共生突破了设计产业本身的边界。它是以创意设计为核心,将产业上下游维系在一起,实现创意生成、产品研发、产品生产、销售推广等全产业链合作。其常见共生模式以非对称互惠型连续共生为主,对称互惠型连续共生为辅,拥有高精尖设计研发能力的大型设计公司在共生体中居于核心地位,拥有充分的话语权;辅助性生产单位和研发企业处于辅助地位,为设计产业发展提供支撑。

PCRTSI共生系统则将城市人口与文化、资源、技术、空间、产业等系统融合在一起,形成了一个城市发展共同体。它以一体化共生为组织方式,以对称性互惠共生为行为方式。在对称互惠型一体化共生模式下,围绕国家及地区的发展目标及战略规划,设计产业与制造业、工程勘察等关联产业以分工和合作为基础,相互渗透,融合发展,利益在共生单元间实现均衡分配,不同利益主体获得较为一致的能量积累机会,共同发展,共同进化,从而促进共生关系进一步稳定、高效发展,实现区域经济的一体化演进(图8-7)。

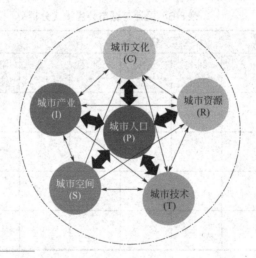

图 8-7
设计与城市共生的 PCRTSI 系统

(3)设计与城市共生的PCRTSI系统的主要特征

一是坚持人的主体地位。设计是"为人的设计",其目的是创造更美好的生活;城市绿色转型旨在以人为本,打造绿色生活方式,实现城市的可持续发展和人的全面发展。实现设计与城市的共生,"人"是核心和关键。其中既需要具备良好的设计技能和良好专业素养的设计从业者,也需要政府管理部门通过战略规划和激励措施，培植市民的"大设计"理念，激发市民参与城市设计和城市建设的积极性。PCRTSI系统将城市中的"人"置于中心，重视人在城市共生系统的组织与调控作用，通过城市人口连接城市文化、城市资源、城市技术、城市空间、城市产业等不同子系统，从而实现不同要素之间的有序利用和协同演化。

二是系统的双向激励性。PCRTSI系统是一个典型的开放系统。城市人口与文化、资源、技术、空间、产业等不同子系统之间存在相互作用、相互影响的复杂关联。同时，它还与外部环境频繁进行着物质、信息和能量的交换。以城市文化子系统为例。每个城市在发展过程中都沉淀了独特的文化基因，它们以文物古迹、历史街区、传统手艺、民俗活动等方式，为城市居民提供独特的滋养，也为现代设计创新提供了宝贵的素材。反过来，利用现代设计手段将这些城市文化元素进行创新利用，也可以让城市文化获得新生，创造新的价值。从这个角度来说，PCRTSI系统是一个多元参与、双向互动的共生系统。

三是系统的动态演化性。设计与城市的共生发展是一个不断发展演化的连续过程。一方面，设计创新和城市转型都需要立足现有的基础，实现各系统的协调发展；另一方面，随着共生系统功能、结构、体制的调整与变动，各个子系统的发展也会出现此消彼长、多重均衡的状况。从设计与城市的装饰性共生，到旅游性共生和产业性共生，再到PCRTSI城市一体化共生，设计产业的边界不断扩大，设计与城市的融合程度逐渐加强，城市中的人与人之间、人与自然之间、城市与外部环境之间的联系日益密切，从而构成了设计创新与城市转型一体化共生的结构，如图8-8所示。受社会发展总体状况、国际关系、宏观政策导向等因素影响，共生系统呈现出复杂多变的模式和格局，各个子系统之间的关系也随之处于"均衡—不均衡—均衡"的动态演化过程。总体来看，设计创新和城市转型就是一个不断调试以实现各个子系统均衡发展的过程。

图8-8
设计与城市共生的四个层级

（4）设计与城市共生的PCRTSI系统的实现路径

如前文分析，城市绿色转型发展的目标是提高经济社会福利、降低自然资本消耗，以提高生态绩效。设计产业作为第三产业，应该围绕以上目标，将设计与城市、文化、资源、技术、空间、产业、人口等要素充分融合，最终实现城市文化的传承与创新、城市资源的有序利用、城市技术的有机融合、城市空间的重构、城市产业体系的重塑，以及城市消费模式的转型。它们以面向绿色转型的城市发展体系和设计创新体系作为保障，共同服务于城市的可持续和人的全面发展（图8-9）。

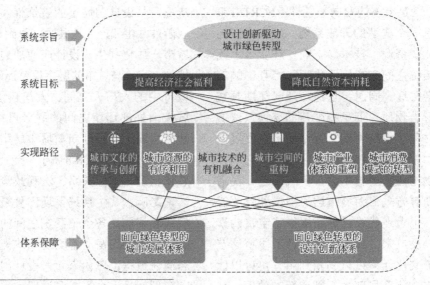

图8-9
设计与城市共生的PCRTSI系统的实现路径

设计创新要以城市文化为核心，致力于推动文化的传承和创新，延续城市记忆；要通过城市资源的有序利用，减少浪费，促进绿色循环；要融合新兴的数字媒体技术、生物科技、新能源技术等，实现科技与艺术的融合；要利用创意手段激活城市空间，创造更加便利、美好的现代生活环境。

更重要的是，创意设计要强化与关联产业的协同创新，以发展低碳、循环经济、壮大服务经济为依托，推进城市产业体系的绿色再造，既要紧紧依托具有显著绿色经济特征的循环经济和低碳经济模式，又要紧紧依托具有产业结构调整意义的服务经济模式，彻底改变传统的线性经济增长模式。在此基础上，以耐用性强的生活用品和城市设施设计取代品质不高、不可持续的一次性产品，倡导可重复利用、可共享的耐用品消费，推动社会整体消费观念的转型（图8-10）。

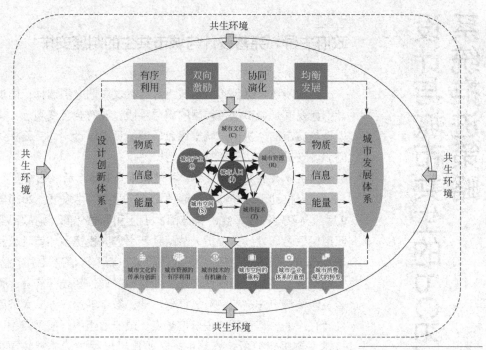

图 8-10
PCRTSI 共生系统的演化机理

8.3 设计与城市共生的PCRTSI系统推进策略

8.3.1
政府主导：完善设计与城市共生的制度安排

如前所述，绿色转型是城市可持续发展的必然选择；而设计创新是实现城市绿色转型的重要手段。政府要转变观念，将设计与城市的共生纳入城市绿色转型的顶层设计中，完善相关的制度安排，推动二者的共生增长。

（1）以共生发展为目标，推进城市产业体系的绿色重塑

一是推动设计产业与战略性新兴产业的共生发展。2020年9月，国家发展改革委、科技部、工业和信息化部、财政部等四部门联合印发《关于扩大战略性新兴产业投资，培育壮大新增长点增长极的指导意见》，我国将聚焦新一代信息技术产业、生物产业、高端装备制造产业、新材料产业、新能源产业、智能及新能源汽车产业、节能环保产业、数字创意产业八大战略性新兴产业，培育新的投资增长点。政府要组织开展重点领域技术发展需求分析，统筹生态文明建设过程中的关键共性技术、前沿引领技术、现代工程技术、颠覆性技术的研发，使设计创新成为推动城市绿色转型的强大动力。

二是推动设计产业与传统产业转型升级的融合，引导企业向循环经济、低碳经济和服务经济转型。我国传统制造业普遍采取的是"大量生产、大量消耗、大量排放"的线性经济增长模式，产业形态低端，产品附加值低，与国际先进水平存在明显差距。以设计创新为驱动力，以绿色设计的减量化（reduce）、再使用（reuse）、再循环（recycle）"3R"原则为遵循，出台传统产业绿色升级年度计划和远景规划，推动设计创新在"生产前—生产中—生产后"三端的融合，形成涵盖设计评价和优化的设计创新机制，对于推动城市产业向科技含量高、资源消耗低、经济效益好、环境污染少转型具有十分重要的意义。

（2）完善政策措施，为设计与城市共生提供制度保障

一是完善设计产业发展的相关政策措施。按照强项更优、补齐短板、融合发展的思路，取消影响设计产业发展的限制性、障碍性、歧视性政策，最大限度为设计产业发展"松绑"。完善设计产业发展的金融扶持和税收减免政策，积极制定设计

园区建设、企业创新培育、设计人才培养的政策支持，推动设计教育和设计交流活动的发展。

二是完善知识产权保护的相关政策措施。完善知识产权维权援助服务体系，开展专利、版权等专项宣传，切实加强知识产权应用和保护；改善行业管理，完善知识产权许可、转让、投资、评估管理和技术转移产业化等知识产权全流程服务；健全设计信息统计工作，推进知识产权转化运用，盘活设计机构的存量知识产权资产；建立设计评价与奖励制度，提高全社会的设计意识。加大对工业设计知识产权的保护力度，建立设计知识产权侵权黑名单和信用公示制度。

三是打造设计与城市共生的创新服务机制。比如，为企业的设计创新活动提供仪器设备、科学数据、软件程序、检验检测、快速制造等公共服务；建立城市设计服务平台，形成以知识产权合作研发为核心的创新渠道、以交易为核心的大数据管理模式，推动设计与关联产业的融合，实现产业价值的高效转化；改善企业生存发展环境，提供推广宣传、市场拓展及投融资等综合服务，培养城市设计的"生力军"。

8.3.2
六重赋能：搭建设计与城市共生的融合平台

设计与城市的共生，需要构建基于物质、信息和能量双向流动的融合平台。围绕PCRTSI系统，可以构建六大融合平台——城市文化传承平台、城市资源共享平台、城市技术融合平台、城市空间优化平台、城市产业转型平台、城市消费升级平台，形成设计创新在城市转型发展中的良性输入和输出机制（图8-11）。

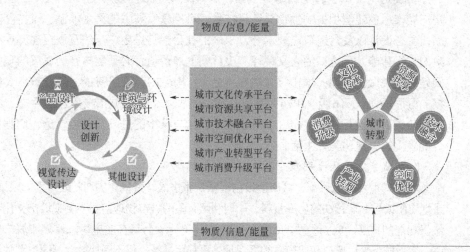

图8-11
PCRTSI共生系统的六大平台

（1）城市文化传承平台

文化消费与百姓生活密切相关。2019年8月，国务院办公厅印发了《关于进一步激发文化和旅游消费潜力的意见》，提出推进消费试点示范，到2022年，建设30个示范城市、100个试点城市。城市文化传承平台以建设国家文化和旅游消费示范城市、试点城市为契机，挖掘城市文化，通过产、学、研协同创新，推动城市文化的传承，探索城市供给侧结构性改革路径。将城市文化通过时尚设计、影视动漫、影视游戏、直播电竞、光影互动体验、数字出版教育等设计手段进行创造性转化，既可以延续城市文脉，又能够繁荣城市文化创意设计产业。

（2）城市资源共享平台

城市资源是城市范围内所有的物力、财力、人力等各种物质的总称，包括自然资源和社会资源两大类。前者如森林、土地、淡水、矿藏等自然要素；后者主要指城市人力资源、信息资源以及经过劳动创造的各种物质财富等。城市资源共享平台着力搭建一个全方位交流、共享、合作的平台，实现城市的资源转化和平台赋能，达到资源共享、合作共赢的目的。例如2021年11月，由上海市委宣传部、市委外宣办公室举办的上海城市形象资源共享平台——IP SHANGHAI（www.ipshanghai.cn）正式上线。平台将打造一个具有全球影响力、凸显中国和上海特点的城市形象资源全库，并逐步建成聚合征集、共享传播、孵化创新的城市形象内容生态系统，探索人人创作、人人展示、人人分享的国际传播新模式，成为提升上海城市软实力的重要工作项目之一。

（3）城市技术融合平台

科技是城市绿色转型的重要因素。PCRTSI系统的子系统之一的技术，主要是与城市绿色转型相关的生物与信息技术、可持续发展中的再生能源、可持续产品、生态设计以及人工智能技术等。未来的社会趋势是更广泛的互联互通，更高阶的人工智能，更透彻的人文关怀。设计要创造价值，必须要与社会发展的现实问题发生关联。搭建"城市技术融合平台"，集成5G、人工智能、云计算、大数据、互联网协议第6版（IPv6）等新一代信息技术，完善城市技术创新生态，布局细分领域产业互联网平台，有助于推动科技与艺术的进一步融合渗透，增强设计的表现力，建构美好生活。

（4）城市空间优化平台

城市转型发展背景下，城市建设由增量扩张进入存量优化的新阶段。面向未来，土地资源成为非常稀缺的生产资料。如何利用有限的城市物理空间，实现城市文化和经济功能的扩张，成为重要的命题。城市空间优化平台旨在实施生态修复和城市复兴，实现城市文化遗产和历史风貌区保护与再利用并举，将不同片区、不同类型的城市遗产保护、老旧社区改造与设计产业发展紧密结合，开展城市规划、建筑设计、三维技术开发、遗产价值展示等活动，形成具有特色的城市空间优化机制。

城市空间优化平台可以搭建一个以市政府、各区政府和社区管委会为主导，专业施工单位、专业设计团队、专家委员会、市民代表与政府主管部门协同创新的综合实施主体（图8-12）。有关城市空间改造（或优化）的项目清单、任务明细、专项研究清单等内容，以及相关改造区域的规划图纸、地图导览、技术文件编制等，可通过平台进行发布和共享。项目论证和设计方案可以协同多元主体共同献言建策，以充分发挥城市空间的使用价值和设计品质。

产业因企施策，发挥创意设计的引领作用，推动上下游企业抱团发展，形成设计产业与制造业、建造业之间的优势互补，提升设计产品的营销能力和市场占有率。

（6）城市消费升级平台

城市的绿色转型离不开可持续消费模式的构建。在资源稀缺从人造资本向自然资本转换的情况下，消费就应该更多地从交换价值转移到使用价值上来，也即以功能主义替代物质主义。城市特色街区和创意社区打造，是城市消费创新和升级的主要载体。目前我国已涌现出包括北京王府井和前门大街、上海南京路、杭州河坊街、南京夫子庙、成都宽窄巷子等一批享有较高知名度的步行街，扩大了消费增量，引领了消费新模式。在此背景下，商务部印发《商务部办公厅关于推动高品位步行街建设的通知》，要求各地对标国际，查找不足，抓住一些基础较好的步行街进行改造提升，进一步改善城市消费环境，扩大中高端消费供给，提升城市品位。未来城市发展需要以水平规划设计为引领，打造创意之城、创意街区、创意园区、创意社区，形成城市、街区、园区、社区互为支撑的四级消费空间，形成特色鲜明的设计集聚展示区和城市文化新载体（图8-13）。

图 8-12
城市空间优化平台的协同机制

（5）城市产业转型平台

大力推进设计创新基础和应用研发基地建设。以人才、企业、品牌、项目等产业发展要素为基础，提高设计产业信息化、国际化、集聚化水平，培育一批全国知名设计企业；以"奖补+扶持+引导"的方式，建设一批专业化、特色化和品牌化的设计园区。围绕高端装备制造、电子信息、生物医药和大健康等高新技术产业，建设特色产业集群。依托制造业、建造业等传统产业优势，搭建设计产业与制造业、建造业合作平台，全方位、全周期引导设计

图 8-13
城市消费升级平台的建构模式

8.3.3 三方协同：培育城市绿色转型的设计共生体

由于设计具有跨行业、跨学科交叉的特点，要发挥设计对城市绿色转型的驱动作用，需要设立一个主管部门，从中协调资源和讯息，以加强宏观战略引导和政策措施的协调。在PCRTSI共生系统框架下，以城市主管部门为主体，设立城市设计委员会，实现政府、企业和院校的有机联动，培育设计共生体。

（1）政府层面：培养具有共生思维的新型城市管理者

城市政府公务员队伍是城市绿色转型的行为主体。地方各级党委和政府主要领导是城市绿色转型的第一责任人，要对设计与城市共生发展的关键问题做好部署和协调，压实各级责任，层层抓落实。各相关部门要科学规划责任清单，使各部门分工协作、共同发力。

要加强学习和培训，打造一支高水平的公务员队伍。推进设计与城市的共生发展，需要强化公务员队伍对设计生产和城市转型升级的认识和理解，使之能够深入了解自己从事工作的发展趋势，并能够在开展工作时主动从城市绿色转型的角度出发，适应新时期"立党为公，执政为民"的政务要求。

要改革传统用人制度，为优秀人才脱颖而出创造条件。城市绿色转型发展要营造良好的社会环境，能够使各行各业的优秀人才进驻城市，发挥专业特长，为城市发展助力。城市政府要创新人才引进与晋升制度，从社会各领域公开选拔懂设计、懂管理、掌握现代信息技术的复合型人才，制定并实行有利于人才发挥能力的制度机制，以创新理念进行城市经营管理。

（2）企业层面：培养具有共生思维的企业管理人员

企业是提高生态绩效的生产责任者，要顺应时代发展，自觉树立转型发展的企业经营理念，求新谋变。以创造绿色生活方式为目标，企业要自觉承担起从需求分析—设计—制造—销售—使用的产品全生命周期责任，从产品设计、制造生产、营销推广等环节实现节能减排；加快新能源的应用，实施资源节约型和环境友好型的产品设计，构建材料和产品绿色回收体系，推动废弃物的合理循环使用。

通过技术创新、流程再造、产品重塑等方式，加大设计创新的投入，帮助传统产业从源头到末端逐步实现绿色化和低碳化。目前，我国很多城市都拥有大量存量企业，尤其是面广量大的传统制造企业的存在，成为城市绿色转型的重点和难点。这部分企业尤其需要通过专业化、协同化和智能化方式实现向新型服务型制造企业的转型。这需要政府、企业与相关行业协会加强合作，聚力攻关解决基础性、长远性问题。要充分整合人才和技术资源，对近零排放节能建筑技术、清洁能源和智慧储能技术、绿色低碳交通技术、碳捕集和封存规模化技术等方面进行攻关，协同提升交通、建筑、农业、居民生活等各领域低碳化水平，促进经济持续绿色发展。

（3）院校层面：培养具有共生思维的城市设计师

一是打破学科壁垒，培养科学、技术、工程、艺术融合的跨学科复合型人才。目前的设计教育需要对应城市绿色转型的需求，密切对接复合型设计人才的产业需求链、社会创新链、学科专业链，通过跨学科交叉，提高他们综合解决问题的系统思维能力和创新思维能力。积极打造各级、各类创新平台，支持企业建设设计产业实训基地和订单式人才培养基地，引导大学生积极参与城市设计，创新挖掘城市文化元素，完成与百姓生活密切结合的生活用品设计、公共设施设计以及建筑景观设计。

二是进一步推动产教融合，促进教育链、人才链与产业链、创新链有机衔接。2019年10月，国家发展改革委、教育部等6部门印发的《国家产教融合建设试点实施方案》，提出通过5年左右的努力，试点布局50个左右的产教融合型城市，在试点城市及其所在省域内打造一批区域特色鲜明的产教融合型行业，在全国建设培育1万家以上的产教融合型企业，建立产教融合型企业制度和组合式激励政策体系。2021年7月，首批包括北京中国核工业集团有限公司在内的63家"国家产教融合型企业名单"，以及包括天津市津南区在内的21个"国家产教融合试点城市名单"公布。未来需要进一步加大产教融合力度，打造多层级、多形态的产教融合平台，健全设计教育与人才培养体系，为城市转型储备生力军。

8.3.4 建立标准：推动设计与城市共生的创新实践

（1）PCRTSI评价指标体系的内容

设计的价值无法从城市文化传承、技术创新、产业转型等环节中剥离出来。要衡量设计与城市共生的效果和水平，还需要对PCRTSI系统建立更为细分和有针对性的评价指标，以回答以下几个问题。

一是PCRTSI系统中各共生单元的构成要素，即城市文化传承、城市资源共享、城市技术融合、城市空间优化、城市产业转型、城市消费升级分别包含哪些要素。

二是PCRTSI系统中各共生单元的基本状态，即城市文化传承、城市资源共享、城市技术融合、城市空间优化、城市产业转型、城市消费升级分别包含哪些等级；如何根据设计与城市共生发展过程中各共生单元的状态和变化推断其发展趋势。

三是PCRTSI系统的预警和调控。根据各共生单元的协调程度，判断设计与城市共生发展的水平和能力，为城市决策与规划提供参考，以指导城市转型发展实践，有步骤、分阶段地实现绿色转型。

（2）PCRTSI评价指标体系的共生机理

PCRTSI是一个系统有机体，其评价指标之间也是互相影响、有机关联的，以

"和谐共生"为核心机理。指标体系突出城市人口、文化、资源、技术、产业、消费之间的共生共荣，体现设计创新对城市转型发展的作用，同时对现行城市发展战略和规划进行反思，以形成针对性的建议和对策。

指标体系强调建立资源节约与环境友好的绿色发展体系，建立绿色生产体系，倡导绿色生活方式，将城市物质财富的积累和人的精神需求的满足有机统一。任何单个领域的发展超前或者发展滞后，都将导致城市发展的失衡。因此，PCRTSI评价指标体系可以作为城市"监视器"，对城市各个子系统的发展进行预警，对发展失衡的领域及时介入，可以有效发挥设计创新的引领作用。

当前我国正处于绿色发展的初期。城市发展应把人民的健康和幸福作为衡量城市社会发展水平的重要指标，切实落实"人民共创、共享、共治"的思想。设计企业肩负着推进城乡绿色转型的使命，要在基本理念和原则上与党中央保持高度一致，自觉服务于高质量绿色发展大局，使创意设计成为推动经济社会发展全面绿色转型的强大动力。

总体而言，设计与城市共生符合当前城市绿色转型发展的必然趋势。构建设计与城市共生的PCRTSI系统，目的就是通过设计创新推动城市转型升级，实现城市经济效益和居民生活福利的双重提升。实现这一目标，需要以政府为主导，完善设计与城市共生的制度安排；需要从文化、资源、技术、空间、产业和消费维度六重赋能，搭建设计与城市共生的融合平台；需要政府、企业和高等院校三方协同，培育城市绿色转型的设计共生体；需要建立标准，以推动设计与城市共生的创新实践。

9

结语

2022年虎年除夕春晚，一幅《千里江山图》，一舞《只此青绿》，惊艳了屏幕。"青绿"是千里江山壮美与雄浑的缩影，也是良好生态环境的象征，更是城市绿色转型发展的时代呼声。

从古代两河流域最大的城市巴比伦城，到全球创意城市网络"设计之都"，城市化进程在世界范围内造就了一批大城市和特大城市。一方面它们为经济高速发展做出了突出贡献，另一方面大城市病导致的生态环境系统失调引发的系列问题，使城市不得不面临从"高速发展"向"高质量发展"的转型。人类需要一场自我革命，若忽视大自然一次又一次的警告，只讲索取不讲投入、只讲发展不讲保护、只讲利用不讲修复，城市必将陷入更大的危机。

为此，我国提出二氧化碳排放力争于2030年前达到峰值，努力争取2060年前实现碳中和的目标，要求以创新、协调、绿色、开放、共享的新发展理念，抓住新一轮科技革命和产业变革的历史性机遇，推动新冠疫情后经济"绿色复苏"，汇聚起可持续发展的强大合力。

万物得其本者生，百事得其道者成。设计的魅力在于能够将文化、资源、技术、空间、产业等各项要素融合在一起，在不增加资源消耗、不污染自然环境的前提下，为城市创造新的社会效益和经济效益，为人们创造更美好的生活环境。从全球"设计之都"的发展历程看，以创意设计为驱动力，大力发展设计产业，不仅能够融合最新的互联网信息技术、清洁能源、生态节能环保技术，实现传统制造业的转型升级，还能够培育新的文化和消费空间，推动城市品牌创新和文化创新，带动一批新兴产业的发展。总体来看，以创意设计为抓手建设"设计之都"，代表了城市绿色低碳转型的发展趋势和方向，值得借鉴和推广。

从2015年开始申报世界"设计之都"，到2017年11月正式获批，武汉市的"设计之都"建设已经取得了一定的阶段性成果。展望未来，武汉市"设计之都"需要在设计产业发展和设计园区集聚的基础上，以生物"共生"理论为核心机理，构建设计与城市文化、城市资源、城市技术、城市空间、城市产业、城市消费等融合发展的PCRTSI共生系统，推动设计与城市建设的进一步融合。

城市绿色转型是一场大考，它既是对城市发展规律的深刻认知，也是对人与城市、人与自然共生关系的深度反省。设计与城市融合发展的PCRTSI共生系统是城市全方位的创新与实践。它需要积极培育设计发展的城市场域，强化设计与新技术、新能源、新材料的结合，培育具有共生思维的城市设计师和城市管理者，多元主体协同，形成创新合力，从而让设计之美真正融入百姓生活，让城市之美在全球绽放。

知之越明，行之越笃。以设计创新为利器，在绿色转型中绘就新时代"千里江山图"，美好画卷，未来可期。

附录

附录1
设计产业统计分类(试行)

一、目的和作用

为贯彻落实《北京市促进设计产业发展的指导意见》(以下简称《意见》),全面实施设计产业提升计划,推进"世界设计之都"建设,建立科学、系统、规范的设计产业统计体系,特制定本分类标准。

本分类标准为北京市设计产业规划和发展提供参考与借鉴,为设计产业统计监测和评价提供科学、统一的范围与定义。

二、定义和范围

本分类规定的设计产业是指以工业产品、建筑与环境、视觉传达等有形或无形的产品为主要对象,以提升产品价值、改善用户体验为目的,将创意转化为解决方案的创造性活动的集合。设计产业包括:

1. 产品设计
2. 建筑与环境设计
3. 视觉传达设计
4. 其他设计

三、分类原则

(一)实践性

本分类以工业和信息化部等11部门联合发布的《关于促进工业设计发展的若干指导意见》及《北京市促进设计产业发展的指导意见》为主要参照依据,注重标准对产业发展的实际指导作用。

(二)可比性

本分类借鉴国外及我国主要城市关于设计产业的概念和分类方法,在核心领域上与国内外分类保持一致,确保数据具有可比性。

(三)操作性

本分类依据设计产业定义对设计活动进行分类,同时与《国民经济行业分类》(GB/T 4754—2011)相衔接,确保分类标准具有可操作性。

四、结构编码

根据分类原则,本分类将设计产业分为三层。

第一层根据设计的表现形态分为4个大类，用汉字数字一、二……表示。

第二层根据《意见》中重点发展的11个设计领域及其他设计分为12个中类，用汉字数字（一）、（二）……表示。

第三层对12个中类包含的设计活动内容作进一步细分，用阿拉伯数字1、2……表示。该层根据设计活动内容与《国民经济行业分类》（GB/T 4754—2011）中行业小类对应。

五、有关说明

（一）由于设计活动在国民经济行业分类中分布范围较广，有些行业仅有部分活动属于设计产业，因此本分类在这类行业小类代码后加"*"标识。

（二）部分国民经济行业分类小类代码存在重复，是由于该行业分类小类中的活动内容分别属于不同的设计产业类别。

六、设计产业统计分类表

设计产业统计分类	对应国民经济行业分类代码及说明
一、产品设计	
（一）工业设计	工业设计是对工业产品的功能、结构、形态及包装等进行整合优化的创新活动，其核心是指对批量化工业产品的设计
1. 交通运输设备设计	2110*-2190*、2411*、2412*、2441*-2449*、2450*、3054*、3055*、3071*、3073*、3511*-3549*、3581*-3589*、3610*、3660*、3711*、3720*、3741*-3749*、3751*、3752*、3761*、3762*、3770*、3851*-3859*、3911*、3913*、3922*、3951*、3952*、4011*-4090*、7320*、7491*
2. 电子及通讯设备设计	
3. 工业装备设计	
4. 医疗器械设计	
5. 仪器仪表设计	
6. 家用电器设计	
7. 建材设计	
8. 家具设计	
9. 玩具设计	
10. 文化用品设计	
11. 体育器材设计	
12. 其他工业设计	
（二）集成电路设计	集成电路设计是根据电路功能和性能的要求，在正确选择系统配置、电路形式、器件结构、工艺方案和设计规则的情况下，尽量减小芯片面积，降低设计成本，缩短设计周期，设计出满足要求的集成电路的活动

续表

设计产业统计分类	对应国民经济行业分类代码及说明
集成电路设计	3963*、6550
（三）服装设计	服装设计是运用各种服装知识、剪裁及缝纫技巧等，考虑艺术及经济等因素，按照穿者需求对服装款式进行设计的行为
1. 休闲服装设计	1810*、1921*、5232*、7491*
2. 童装设计	
3. 制服设计	
4. 运动服装设计	
5. 内衣设计	
6. 其他服装设计	
（四）时尚设计	时尚设计是对包括衣着打扮、饮食、行为、居住、消费、情感表达与思考方式等，为社会大众所崇尚和仿效的生活样式等的设计活动
1. 高级成衣设计	1830*、1922*、1923*、1951*-1959*、2438、7299*、7491*
2. 时装设计	
3. 高级定制服设计	
4. 服饰设计	
5. 时尚箱包设计	
6. 装饰及流行物品设计	
7. 时尚鞋靴设计	
8. 珠宝首饰及有关物品设计	
9. 其他时尚设计	
（五）工艺美术设计	工艺美术设计是对于以美术技巧制成的各种与实用相结合并有欣赏价值的工艺品的设计活动
1. 雕塑工艺品设计	2431-2437、2439、3079、7491*
2. 金属工艺品设计	
3. 漆器工艺品设计	
4. 花画工艺品设计	
5. 天然植物纤维编织工艺品设计	
6. 抽纱刺绣工艺品设计	
7. 地毯、挂毯设计	
8. 其他工艺美术品设计	

续表

设计产业统计分类	对应国民经济行业分类代码及说明
二、建筑与环境设计	
（一）建筑设计	建筑设计是解决包括建筑物内部各种使用功能和使用空间的合理安排，建筑物与周围环境、与各种外部条件的协调配合，内部和外表的艺术效果
1. 房屋建筑设计	
2. 建筑装修装饰设计	4700*、4910*、4920*、4990*、5010*、7482*
3. 景观设计	
（二）工程设计	工程设计是指对工程项目的建设提供有技术依据的设计文件和图纸的整个活动过程。本标准工程设计是指除房屋建筑工程以外的其他工程设计
1. 通信工程设计	
2. 电子工程设计	
3. 电力工程设计	
4. 铁道工程设计	
5. 公路工程设计	7481*、7482*
6. 民航工程设计	
7. 市政工程设计	
8. 专项工程设计	
9. 其他工程设计	
（三）规划设计	规划设计是对于城市各功能系统、城市形态与景观环境、人居环境可持续发展等方面内容进行具体规划及总体设计，使其功能、风格符合其定位
1. 农业规划设计	
2. 林业规划设计	
3. 城乡规划设计	
4. 城市园林绿化规划设计	7483
5. 风景名胜区规划设计	
6. 自然保护区规划设计	
7. 其他规划设计	

续表

设计产业统计分类	对应国民经济行业分类代码及说明
三、视觉传达设计	
（一）平面设计	平面设计是以"视觉"作为沟通和表现的方式，通过多种方式创作，并结合符号、图片和文字传达想法或讯息的视觉表现
1. 美术图案设计	6420*、7240*、7491*
2. 包装装潢设计	
3. 印刷制版设计	
4. 书籍装帧设计	
5. 广告设计	
6. 多媒体设计	
7. 网页设计	
8. 界面设计	
9. 交互设计	
10. 其他平面设计	
（二）动漫设计	动漫设计是主要通过漫画、动画结合故事情节的形式，以平面二维、三维动画、动画特效等相关表现手法，形成特有视觉艺术的创作模式
1. 动画设计	6510*、6520*、6591*、7491*、8620*、8630*
2. 漫画设计	
3. 数字游戏设计	
4. 软件开发	
（三）展示设计	展示设计是指将特定的物品按照特定的主题和目的，在一定空间内，运用陈列、空间规划、平面布置和灯光布置等技术手段传达信息的设计形式
1. 展台设计	2413*、7292*、7491*、8710*
2. 模型设计	
3. 舞台设计	
4. 其他展示设计	
四、其他设计	其他设计指随着社会经济发展产生的其他各类前沿设计活动
其他设计	
其他未列明的设计	7233*、7239*、7519*、8790*

附录2
2021年度武汉设计之都创意社区名单

表1 2021年度武汉"设计之都"创意社区第一批候选名单

序号	项目编号	项目名称	所属区
1	2020204	高龙博古城非物质文化遗产武汉传承园	汉阳区
2	2020206	昙华林社区	武昌区
3	2020209	黄陂区六指街道办事处联合村村民委员会：人杰地灵的金色池塘	黄陂区
4	2020210	黄陂区蔡家榨街道办事处博士湾村村民委员会：走在致富的新路上	黄陂区
5	2020211	黄陂区姚家集街道车站村村民委员会：描绘致富蓝图	黄陂区
6	2020212	民权街道打铜社区：敲响平安锣，幸福家常驻	江汉区
7	2020213	汉兴街江汉里社区："老街坊 邻里情"和谐社区共建	江汉区
8	2020214	万松街商务区第一社区：红色动力满家园	江汉区
9	2020218	江岸区后湖街道美庐社区	江岸区
10	2020219	江岸区后湖街道汉广社区	江岸区
11	2020220	江岸区球场街道货捐社区	江岸区
12	2020223	江岸区四唯街道五福社区	江岸区
13	2020224	江岸区劳动街道艺苑社区	江岸区
14	2021202	戈甲营社区	武昌区
15	2021204	户部巷社区	武昌区
16	2021205	辅仁社区	江岸区
17	2021227	电力社区	武昌区
18	2021228	洪山坊社区	武昌区
19	2021229	粤汉里社区	武昌区
20	2021230	建设新村社区	武昌区
21	2021231	滨湖社区邻里情文化馆	武昌区
22	2021232	武重社区	武昌区
23	2021233	东湖路社区	武昌区
24	2021239	汉中街道汉中社区：春芽诗社畅享民意在汉中	硚口区
25	2021244	易家街道宜美社区：宜居美丽畅享家园	硚口区

续表

序号	项目编号	项目名称	所属区
26	2021245	韩家墩街道公安社区：红色港湾红色行 勿忘历史向前行	硚口区
27	2021253	123社区居民委员会《钢铁之都》	青山区
28	2021254	新沟桥街蒋家墩社区居民委员会《党员示范护家园·和谐暖人心》	青山区
29	2021258	钢花村北苑社区居民委员会《北苑舒民》	青山区
30	2021260	和平街道保利城社区：养老特色服务环境打造	洪山区
31	2021266	和平街道徐东社区：养老特色服务环境打造	洪山区
32	2021274	九峰街华城里：浓浓社区情·纯纯书香味	东湖新技术开发区
33	2021278	宁康社区"宁康新风"	经开区
34	2021279	同德社区"同心同德"	经开区
35	2021281	小军山社区"畅享小军山"	经开区
36	2021288	常青花园第一社区	东西湖区
37	2021289	常青花园第二社区	东西湖区
38	2021290	常青花园第三社区	东西湖区
39	2021291	常青花园第四社区	东西湖区
40	2021292	常青花园第五社区	东西湖区
41	2021298	花城社区	东西湖区

表2　2021年度武汉"设计之都"创意社区第二批候选名单

序号	项目编号	项目名称	所属区
1	20212102	锦绣碧湖	经开区
2	20212103	红升舒民	经开区
3	20212104	金色年华	经开区
4	20212105	顶峰家园	经开区
5	20212106	龙湖众享空间打造	经开区
6	20212113	长青街团结社区设计之都创意社区创建项目	东西湖区
7	20212117	常青花园第六社区设计之都创意社区创建项目	东西湖区
8	20212125	知音钢铁记忆 悦见晴川未来	汉阳区
9	20212126	百瑞景社区	武昌区
10	20212129	武锅社区	武昌区

续表

序号	项目编号	项目名称	所属区
11	20212131	"双墩人·一家亲"邻里互助	硚口区
12	20212132	风尚乐享家园	硚口区
13	20212136	和谐◆古玉带家园	硚口区
14	20212137	创◆永茂家园	硚口区
15	20212138	张公堤◆记忆	硚口区
16	20212145	方兴社区	蔡甸区
17	20212146	后官湖社区	蔡甸区
18	20212152	台北街道和美社区	江岸区
19	20212154	球场街道安静社区	江岸区
20	20212155	后湖街道东方社区	江岸区
21	20212158	才惠社区	青山区
22	20212159	科大社区	青山区
23	20212160	八大家花园社区	青山区
24	20212161	东兴社区	青山区
25	20212162	让健康谱写生命的乐章	洪山区
26	20212167	幸福社区"一家亲"创意社区	江夏区
27	20212168	今城社区"弘扬纸坊文化 创'纸坊造'特色"创意社区	江夏区
28	20212169	海洋村"静静海洋氧养天堂"创意社区（村）	江夏区
29	20212170	花园社区"千年古镇 滨水花园"创意社区	江夏区
30	20212171	唐涂村"荆楚风韵 绿色唐涂"创意社区（村）	江夏区
31	20212172	群益村"生态特色舒宜乡村"创意社区（村）	江夏区
32	20212173	李家店"创意李家店，创意你我他"创意社区（村）	江夏区
33	20212176	童周岭"古韵缀新村，诗画童周岭"创意社区（村）	江夏区
34	20212180	金港一号社区创意社区	江夏区

表3　2021年度武汉"设计之都"创意社区第二批候选补充名单

排序	项目编号	项目名称	所属区
1	2021280	新都社区"都市春天"	经开区
2	2020207	黄陂区蔡店街道道士冲村村民居委会——家乡味道 家乡情意	黄陂
3	2020222	江岸区西马街道江汉北路社区	江岸

续表

排序	项目编号	项目名称	所属区
4	2021210	铁桥社区	汉阳区
5	2021220	保利心语西区社区"创意市集共参与,特色绘制齐上阵"	洪山区
6	2021234	小东门社区	武昌区
7	2021235	古田街道古南社区:和谐古南家园	硚口区
8	2021240	六角亭街道荣东社区:荣东冒险满城	硚口区
9	2020221	江岸区后湖街道惠民苑社区	江岸
10	2020231	张家湾街道长江社区 梦圆金色年华	洪山
11	2021203	花堤社区	武昌区
12	2021206	硚口区汉水桥街道营北社区	硚口区
13	2021217	林屿岸春天社区"传承经典香味生活"	洪山区
14	2021246	古田街道古二社区:践行公益担大爱 营造最美丽之城	硚口区
15	2021250	翠园社区居民委员会《青山翠绿》	青山区
16	2021270	关东街中谷苑社区:党员示范护家园·邻里和谐暖人心	东湖新技术开发区
17	2021277	湘隆社区"创湘新隆"	经开区
18	2021294	将军路街姑李路社区	东西湖区
19	2020230	张家湾街道紫云府社区 紫色家园 红色生活	洪山
20	2020217	江岸区后湖街道海赋社区	江岸
21	2021208	华园社区	汉阳区
22	2021214	青和居社区	青山区
23	2021215	武昌府社区"四心工作法,打造群众暖心路"	洪山区
24	2021241	宝丰街道站邻社区:"左邻右舍"志愿服务	硚口区
25	2021248	八吉府街新集村村民委员会《创享新集家园》	青山区

参考文献

［1］柳冠中．设计方法论［M］北京：高等教育出版社，2011．
［2］雷蒙·威廉斯．关键词：文化与社会的词汇［M］．刘建基，译．北京：三联书店，2005．
［3］布尔迪厄．文化资本与社会炼金术：布尔迪厄访谈录［M］．包亚明，译．上海：上海人民出版社，1997．
［4］季倩．"设计之城"：一种文化生成的场域研究［M］．南京：东南大学出版社，2016．
［5］王寿兵，吴峰，刘晶如．产业生态学［M］．北京：化学工业出版社，2006．
［6］刘易斯·芒福德．城市发展史：起源、演变与前景［M］．宋俊岭，等译．上海：三联书店，2018．
［7］帕克．城市社会学：芝加哥学派城市研究文集［M］．宋俊岭，等译．北京：华夏出版社，1987．
［8］埃比尼泽·霍华德．明日的田园城市［M］金经元，译．北京：商务印书馆，2010．
［9］维托尔德·雷布琴斯基．嬗变的大都市［M］．叶齐茂，倪晓晖，译．北京：商务印书馆，2020．
［10］郑荣华．城市的兴衰：基于经济、社会、制度的逻辑［M］．南宁：广西师范大学出版社，2021．
［11］张鸿雁．城市形象与城市文化资本论［M］．南京：东南大学出版社，2002．
［12］埃佐·曼尼奇．设计，在人人设计的时代：社会创新设计导论［M］．钟芳，马谨，译．北京：电子工业出版社，2016．
［13］袁纯清．和谐与共生［M］．北京：社会科学文献出版社，2008．
［14］理查德·佛罗里达．创意经济［M］．方海萍，魏清江，译．北京：人民大学出版社，2006．
［15］北京工业设计促进中心．中国设计产业发展报告（2019—2020）［M］．北京．社会科学文献出版社，2020．
［16］董根洪．论亚里士多德中道观与先秦儒家中庸观的异同［J］．社会科学辑刊，2002（1）：21-26．
［17］简新华，黄锟．中国城镇化水平和速度的实证分析与前景预测［J］．经济研究，2010，45（3）：28-39．
［18］宋迎昌．"大城市化"发展趋势探究：基于联合国世界经济和社会事务部数据库相关数据的分析［J］．城市问题，2021（1）：4-9．
［19］刘洪涛，尚进，蒲学吉．基于面板Logistic增长模型中国城镇化演进特征与趋势分析［J］．西北人口，2018，39（2）：1-9，15．
［20］张晓彤，张立新．中国城镇化进程概述和未来城镇化水平预测［J］．云南农业大学学报（社会科学），2021，15（1）：20-25．
［21］乔文怡，李玏，管卫华，等．2016—2050年中国城镇化水平预测［J］．经济地理，2018，38（2）：51-58．
［22］杜栋．城市"病"、城市"体检"与城市更新的逻辑［J］．城市开发，2021（20）：18-19．
［23］段霞飞．第十届世界城市论坛［J］．人类居住，2020（1）：56-61．
［24］厉无畏．设计之都与城市转型［J］．创意设计源，2011（6）：5-7．
［25］潘鲁生．设计产业与城市发展［J］．深圳大学学报（人文社会科学版），2010，27（2）：151-152．
［26］范柏乃，邓峰，马庆国．可持续发展理论综述［J］．浙江社会科学，1998（2）：41-45，57．
［27］范柏乃，马庆国．国际可持续发展理论综述［J］．经济学动态，1998（8）：65-68．
［28］洪黎民．共生概念发展的历史、现状及展望［J］．中国微生态学杂志，1996（4）：50-54．
［29］胡守钧．社会共生论［J］．社会科学论坛，2001（1）：20-23．
［30］朱贻庭．”社会共生"与"社会和谐"：评胡守钧教授新著《社会共生论》［J］．探索与争鸣，2006（11）：78-80．
［31］韩森．"共生"思想的启迪：与黑川纪章先生两次接触有感［J］．中外建筑，2000（2）：26-28．
［32］陈娟．为设计建立一个良好的社会认知环境：从约翰·拉斯金到德国工业同盟的反思［J］．艺术与设计（理论），2010，2（1）：7-9．
［33］常沙娜．"三十而立"：祝贺中央工艺美术学院成立三十周年［J］．装饰，1986（4）：4-6．
［34］李丕宇．中外艺术类学科、专业目录设置的比较研究［J］．艺术百家，2013，29（2）：108-118．
［35］杨钢．"艺术学开门"背景下设计学学科定位与学科发展［J］．西北美术，2018（1）：107-111．
［36］王震亚，左亚雪，刘亚男，等．设计学的开放性概念与产业模型［J］．包装工程，2020，41（20）：

46-56.
[37] 曾辉. 设计产业政策与设计批评[J]. 装饰, 2002(1): 10-12.
[38] 海军. 中国设计产业竞争力研究[J]. 设计艺术(山东工艺美术学院学报), 2007(2): 14-17.
[39] 唐林涛. 种子、土壤与气候: 中国设计产业的未来发展之路[J]. 装饰, 2014(6): 84-85.
[40] 郑刚强, 王征, 王博, 等. "设计产业化"与"产业战略设计"论纲[J]. 包装工程, 2021, 42(10): 75-84.
[41] 罗仕鉴, 田馨, 梁存收, 等. 设计产业网构成与创新模式[J]. 装饰, 2021(6): 64-68.
[42] 褚劲风. 世界创意产业的兴起、特征与发展趋势[J]. 世界地理研究, 2005(4): 16-21.
[43] 夏连峰. 我国设计产业发展现状及产业政策研究[J]. 企业改革与管理, 2014(16): 144-145.
[44] 郑宝祥. 城市的起源和发展[J]. 政治学研究, 1985(4): 56-59.
[45] 曹昌智. 两河文明与城市起源考辨[J]. 中国名城, 2020(12): 4-10.
[46] 张淑平, 周伟奇, 刘俊华, 等. 城市的起源与发展[J]. 标准生活, 2013(3): 10-13.
[47] 吕京庆, 代朋. 齐国故都临淄形制研究[J]. 四川建筑科学研究, 2012, 38(5): 221-224.
[48] 王圣学. 城市的起源及其发展[J]. 现代城市研究, 1995(1): 37-41.
[49] 庄解忧. 英国工业革命时期城市的发展[J]. 厦门大学学报(哲学社会科学版), 1984(3): 114-123.
[50] 张晓立. 伦敦城市发展的启示[J]. 中国城市经济, 2010(12): 299-300.
[51] 吕西·麦克齐, 唐仲勋, 叶南客. 城市的变革[J]. 世界经济与政治论坛, 1985(3): 5-12.
[52] 孙淑清. 世界大城人口迅速增长[J]. 人口与经济, 1985(1): 50.
[53] 邴正. 从经典进化观到自主发展论——发展研究、全球学与马克思主义社会发展观[J]. 哲学研究, 1991(10): 20-26, 55.
[54] 王瑜. 佩鲁"新发展观"的蕴涵及其与科学发展观的比较研究[J]. 学术论坛, 2011, 34(3): 50-53.
[55] 朱国宏. 可持续发展的概念及其意义[J]. 世界经济文汇, 1996(3): 5-6.
[56] 张捷, 赵民. 新城运动的演进及现实意义: 重读Peter Hall的《新城——英国的经验》[J]. 国外城市规划, 2002(5): 46-49.
[57] 吕颖慧, 曹文明. 国外新城建设的历史回顾[J]. 阴山学刊, 2005(2): 99-106.
[58] 黄胜利, 宁越敏. 国外新城建设及启示[J]. 现代城市研究, 2003(4): 12-17.
[59] 迈克尔·布鲁顿, 希拉·布鲁顿, 于立, 等. 英国新城发展与建设[J]. 城市规划, 2003(12): 78-81.
[60] 师武军, 王学斌, 周艺怡. 英国新城建设的经验与启示[J]. 城市, 2006(5): 36-38.
[61] 杨雪锋, 蔡诚. 国外新城运动经验及启示[J]. 中国名城, 2016(8): 71-75.
[62] 成峰, 史真玮, 侯庾劭. 国内外新城建设的启示与借鉴[C]. 北京: 中国建筑工业出版社, 2006.
[63] 肖亦卓. 规划与现实: 国外新城运动经验研究[J]. 北京规划建设, 2005(2): 135-138.
[64] 刘惠民, KISHO KUROKA. 日本新城发展的思想与方法[J]. 城市规划研究, 1984(1): 26-37.
[65] 王长坤. 日本新城建设对天津开发区空间规划的借鉴[J]. 城市, 2005(4): 36-38.
[66] 邹兵. "新城市主义"与美国社区设计的新动向[J]. 国外城市规划, 2000(2): 36-38, 43.
[67] 梁鹤年. 城市理想与理想城市[J]. 城市规划, 1999(7): 17-20.
[68] 沈清基. 新城市主义的生态思想及其分析[J]. 城市规划, 2001(11): 33-38.
[69] 单皓. 美国新城市主义[J]. 建筑师, 2003(3): 4-19.
[70] 李铌, 周均清. 新城市主义及其关键性社区设计理念[J]. 中外建筑, 2001(5): 33-35.
[71] 张遵伟, 金超. 新城市主义的规划及建筑思想[J]. 城乡建设, 2001(4): 46-48.
[72] 王慧. 新城市主义的理念与实践、理想与现实[J]. 国外城市规划, 2002(3): 35-38.
[73] 桂丹, 毛其智. 美国新城市主义思潮的发展及其对中国城市设计的借鉴[J]. 世界建筑, 2000(10): 26-30.
[74] 米文宝. 银川市城市地貌对城市住区及城市发展的影响[J]. 宁夏大学学报(自然科学版), 1999(2): 72-75.
[75] 倪天华, 左玉辉. 城市特质空间形态解析: 以杭州城市空间形态变迁为例[J]. 城市问题, 2006(2): 22-26.

[76] 李准. 历史·形态·共识: 谈北京历史文化名城的保护与建设[J]. 北京规划建设, 1998 (2): 13-18.
[77] 徐银凤, 汪德根, 沙梦雨. 双维视角下苏州城市空间形态演变及影响机理[J]. 经济地理, 2019, 39 (4): 75-84.
[78] 韦文英, 戴俊骋. 城市性格与城市品牌发展[J]. 城市与减灾, 2014 (3): 34-37.
[79] 何一民. 成都历史文化特质简论[J]. 西南交通大学学报（社会科学版）, 2012, 13 (4): 121-128.
[80] 刘士林. 江南城市性格与变迁的人文解读与现代阐释[J]. 上海交通大学学报（哲学社会科学版）, 2012, 20 (3): 59-67.
[81] 王祯梅. 政治因素影响下的京津城市文化及城市性格之差异研究[J]. 法大研究生, 2015 (2): 423-446.
[82] 谭汝为. 天津方言的源流、文化特质及其对天津城市性格的影响[J]. 通化师范学院学报, 2012, 33 (5): 4-10.
[83] 朱蓉. 城市与记忆: 心理学视维中的城市历史延续与发展[J]. 南方建筑, 2004 (4): 65-68.
[84] 黄惠茹. 地域文化与城市美学的关系研究: 以广州西关建筑为例[J]. 城市住宅, 2019, 26 (7): 97-99.
[85] 庞景平. 城市环境美学及其评价[J]. 环境科学进展, 1994 (6): 66-71.
[86] 王涛, 廖哲仪. 旅游地特色历史文化街区的保护与更新: 基于城市记忆的视角[J]. 上海城市管理, 2021, 30 (5): 86-96.
[87] 陈雍. 近二十年国内城市记忆研究的知识图谱分析[J]. 太原城市职业技术学院学报, 2022 (1): 12-15.
[88] 于立, 张康生. 以文化为导向的英国城市复兴策略[J]. 国际城市规划, 2007, 22 (4): 17-20.
[89] 黄鹤. 文化政策主导下的城市更新: 西方城市运用文化资源促进城市发展的相关经验和启示[J]. 国际城市规划, 2006, 21 (1): 34-39.
[90] 李明斌, 魏敏. 传承·互鉴·共享: 城市博物馆的展览之策[J]. 博物院, 2019 (5): 76-81.
[91] 欧雄全, 王蔚. 文化造城运动新策略: 城市艺术区及博物馆群落的兴起[J]. 华中建筑, 2017, 35 (1): 17-24.
[92] 陈圣来. 艺术节是城市人对诗意生活的集体追求[J]. 现代传播（中国传媒大学学报）, 2015, 37 (10): 67-73.
[93] 夏忠宪. 巴赫金狂欢化诗学理论[J]. 北京师范大学学报（社会科学版）, 1994 (5): 74-82.
[94] 夏一梅. 商业与艺术的完美结合: 爱丁堡国际艺术节对发展文化创意产业的启示[J]. 上海商业, 2008 (9): 65-67.
[95] 张敏, 张超, 朱晴. 城市艺术节: 特色化与国际化双向互动: 艺术节公众沟通的ISC模式[J]. 艺术百家, 2013, 29 (3): 18-23.
[96] 周正兵. 艺术节与城市: 西方艺术节的理论与实践[J]. 经济地理, 2010, 30 (1): 59-63, 74.
[97] 邵福双. 创意城市的理论建构与规划实践[C]. 北京: 中国建筑工业出版社, 2006.
[98] 刘强, 李文雅. 创意产业的城市基础[J]. 同济大学学报（社会科学版）, 2008 (4): 104-107, 117.
[99] 盛垒. 创意阶层、地理区位与城市经济增长: 兼评Richard Florida的创意资本理论[C]//中国地理学会2007年学术年会论文摘要集, 2007: 140-141.
[100] 王岳川. 布迪厄的文化理论透视[J]. 教学与研究, 1998 (2): 5, 40-45.
[101] 许平. "创意城市网络"与设计城市格局: 关于中国"申都"城市的文化断想[J]. 装饰, 2011 (12): 16-20.
[102] 杨志, 黄维. 深圳市创意设计产业发展现状与对策研究[J]. 艺术百家, 2010 (1): 7-11.
[103] 刘平. 国外创意城市的实践与经验启示[J]. 社会科学, 2010 (11): 26-34.
[104] 于雪梅. 柏林与上海文化创意产业发展比较[J]. 上海经济, 2005 (S1): 72-76.
[105] 钱志中. "全球艺术之都": 新加坡创意产业发展战略检讨[J]. 江苏社会科学, 2016 (6): 251-256.
[106] 赵丛霞, 金广君, 周鹏光. 首尔的扩张与韩国的城市发展政策[J]. 城市问题, 2007 (1): 90-96.
[107] 李奎泰. 首尔和上海的城市发展战略和城市文化政策之比较[J]. 当代韩国, 2006 (1): 85-90.

[108] 刘平. "设计之都"首尔：文化创意促进城市转型[J]. 上海文化, 2014（2）：105-111.
[109] 褚劲风, 香川贵志, 崔国, 等. 创意城市网络下日本神户设计之都的规划与实践[J]. 世界地理研究, 2011, 20（3）：44-54.
[110] 刘平. "设计之都"神户的创意城市建设[J]. 地域研究与开发, 2012, 31（3）：83-87.
[111] 王星星. 回顾与反思：从"设计之都"看当下的设计政策[J]. 创意设计源, 2021（2）：54-57.
[112] 王倩倩, 褚劲风, 崔国, 等. 首尔设计之都发展道路及其战略研究[J]. 世界地理研究, 2012, 21（2）：80-89.
[113] 刘冠, 庞宇. 融合、激情与希望——布宜诺斯艾利斯设计产业发展的启示[J]. 装饰, 2011（12）：31-34.
[114] 蒋莉莉. 蒙特利尔"设计之都"建设的经验分析[J]. 上海文化, 2013（12）：108-113.
[115] 李嘉珊, 张莹雨. 韩国文化创意产业概况与特点[J]. 北京文化创意, 2020（5）：90-94.
[116] 袁维青. 记忆华东大奖——历届华东大奖纪实[J]. 湖南包装, 2016, 31（4）：1-6.
[117] 吕淑梅, 樊友志. 湖北省包协设计委员会印记（代序）[J]. 包装工程, 2004（2）：160-161.
[118] 石亚洲, 张方译. 多民族国家建构国家认同的关键维度与政策路径[J]. 中央民族大学学报（哲学社会科学版）, 2019, 46（4）：16-26.
[119] 王维平, 朱安军. 以政治认同持续推进中华民族共同体建构[J/OL]. 西北师大学报（社会科学版）, 2020, 57（3）：29-36[2020-04-30]. https://doi.org/10.16783/j.cnki.nwnus.2020.03.004.
[120] 关凯. 基于文化的分析：族群认同从何而来[J]. 甘肃理论学刊, 2013（1）：9-15.
[121] 顾朝林, 吴莉娅. 中国城市化研究主要成果综述[J]. 城市问题, 2008（12）：2-12.
[122] 朱远. 城市发展的绿色转型：关键要素识别与推进策略选择[J]. 东南学术, 2011（5）：40-50.
[123] 齐仁庆. 文化产业发展进程中的政府职能[J]. 中共中央党校学报, 2011, 15（5）：106-108.
[124] 许平. 许平：设计师要站在先进生产力的最前端[J]. 设计, 2019, 32（2）：78-79.
[125] 王明旨, 杭间. 21世纪中国美术教育的前途 清华大学美术学院的艺术教育思路——清华大学副校长、美术学院院长王明旨教授访谈[J]. 美术观察, 2001（9）：3-5.
[126] 韩挺, 胡杰明. 设计本质探索：为人创造最合适的使用方式[J]. 东华大学学报（社会科学版）, 2005（3）：72-75.
[127] 王晓艳, 胡昌平. 基于用户体验的信息构建[J]. 情报科学, 2006（8）：1235-1238.
[128] 杜晓杰. 场域理论与布尔迪厄艺术社会学的建构[J]. 民族艺林, 2020（1）：17-25.